後輩がはじめてできたら読む本

先輩として自分も成長できる伝え方50

北村朱里・著
Kitamura Akari

SG Books

はじめに～職場で初めて後輩ができたあなたへ

新人として会社に入り、周りは全員先輩だったところに、1年もしくは数年が経過して、初めて後輩ができた。それって、どんな気持ちでしょうか。新しい仲間ができてうれしい？　まだまだ先輩になんてなりたくない？　いろいろな感想があると思いますが、恐らく、単純に手放しで喜ぶだけの人はいないのではないでしょうか。多少なりとも、プレッシャーだったり不安のようなものを感じていることでしょう。

申し遅れました、私はこの本の著者、北村朱里と言います。話し方やコミュニケーションの講師として、専門学校で授業をしたり、企業や公的機関で研修をしたりしています。と言うと「昔からコミュニケーションに長《た》けていたのですね」「伝え方に自信があるのですね」と思われるのですが、実はぜんぜん、そんなことはないのです。

少しだけ、私の昔話をさせてください。

私は幼い頃から言葉や話すことに興味があって、自分なりに物語を書いたり、ラジオの真似事をしてカセットテープ（カセットテープ！）に録音したりするのが好きな子どもでした。少し大きくなってからは人と話すことを仕事にしたいと思うようになり、学生時代からテレアポや司会のアルバイトをしていました。そして25歳のとき、コールセンター企業に入社。元来の話好きと学生時代の経験が功を奏し、同期の中でも抜きん出た電話応対スキルを発揮。部署内トップの成績を出し、社内表彰されたりもしました。ビギナーズラックというやつですね。入社から半年でスーパーバイザー（主任級）に抜擢され、傷害保険の電話営業を行うセンターで、100名ほどのオペレーターにノルマを達成させるミッションを背負ったのです。

好きなことで認められた私は俄然《がぜん》張り切りました。張り切りすぎて周りが見えていなかった私は「自分ができることは皆もできて当たり前」「できないのはやる気がないからだ」「やる気がないのは本人の責任」と思い込み、日々ひたすら精神論で、とにかく「獲得数を伸ばせ」「やればできる」とオペレーターを責め立て続けました。どうです、こんなリーダーについていきたいなんて、誰も思うわけがないですよね。でもこのときの私は、本当に恥ずかしいのですが、自分が正しいと信じて疑うことを知らなかったのです。私の熱量と行動量とは反比例して、ついてくる人は減る一方（そりゃそうだ）。そして、朝礼で特に強い語気で煽ったある日から、100名ほぼすべての部下は、私と話してくれなくなってしまいました。そう、ついにみんな離れてしまったのです。

それでも私を気にかけてくれる数少ない同僚や上司がいました。「あなたの言っていることは間違っていないけれど、そういう言い方をされるとイヤな気持ちになるよね」と諭《さと》してくれたのです。ハッとしました。人に行動してもらうには、正しいことを言うだけじゃなく、その言い方、伝え方が大事だったんだ。かくしてこれまでの自分の過《あやま》ちに気づいた私は、コミュニケーションを徹底的に改善しようと決意しました。

それから私はコーチングを中心とした指導法を学び込み、伝え方やコミュニケーションの取り方を自分なりに改善していきました。するとその姿勢が伝わったのか、徐々に部下のみんなも普通に私と話してくれるようになったのです。これまでの罪滅ぼしの気持ちも込めて、部下一人ひとりの話を聞いて動機づけしつつ、各自の苦手な部分を改善するためのアドバイスをしていきました。そうしていくうちに、多くの未経験オペレーターに共通する課題がいくつも洗い出されたのです。

それを体系的に整理して確立した独自の教育カリキュラムが、センターの新人教育のスタンダードとして採用されることに。私自身も社内研修講師を務め、以後延べ1000人以上のオペレーター教育に携わりました。人材の定着、顧客満足、売り上げ向上、後進の育成に貢献したとして、27歳でグループリーダー（係長級）に昇格。その後複数の新規センターの立ち上げに関わるなど、大変ではありましたが、たくさんの仲間に囲まれてとても楽しく充実した日々を過ごすことができました。それというのも、あのとき「伝え方が大切」と気づかせてもらったことと、実際に伝え方を改善したおかげです。

そんなわけで本書では、私の経験をもとに構築した伝え方のメソッドを、職場で初めて後輩を持った「先輩社員一年生」のあなたに向けて解説します。後輩と信頼を築き、後輩を成長させながら自身も成長し、後輩も自身も楽しくやりがいを感じて仕事できる関係性をつくれる伝え方ができる先輩社員へ。そのはじめの一歩をちょんっと後押しできる存在に本書がなれたら、これほどうれしいことはありません。

2023年7月

北村朱里

もくじ

カバーデザイン・中西啓一（Panix）
本文DTP・河岡 隆（(株)西崎印刷）

《レッスン1》

相手が自然と行動したくなる！ポジティブな伝え方

【レッスン1　はじまりのメッセージ】事実は一つ、捉え方と伝え方は複数

想像してみてください。あなたの目の前には、大きな地球儀が浮かんでいます。それを見て、最初に目に留まったのは、どこの地域でしょうか。温暖な日本？　常夏《とこなつ》の島？　極寒の国？　そして、地球儀を挟んだ向こう側にも誰かが立っているとします。当然ですが、その人には別の地域が見えているはずですよね。

今あなたの目に留まっているのが「常夏の島」だったとしましょう。それはどんな印象ですか？　それを人に伝えるとしたら、どんな言葉になるでしょう。

「一年中暑くて、いつでも海水浴ができるし、冷たいものがおいしくて楽しいところ！」

「一年中暑くて、汗はかくし、アイスクリームは溶けるし、過ごしにくいところ……」

これは、その人が常夏という気候をどう捉えるかで異なりますね。

同じ「地球儀」を見ていても、そのときの立ち位置や目線の高さ次第で目に入る国や地域は

変わってきます。そして、目に入ったものが同じでもそれをどう捉えるか、どう伝えるかはこれまたその人によって異なるわけです。

私たちは日々、いろいろな出来事を目の当たりにし、いろいろな人の言葉や感情に触れて生きていきます。イラっとしたり、ムスッとしたくなることだってあるでしょう。そんなときにちょっと思い出したいのが、**人も事象もすべて地球儀のようなもの**だってこと。

今は常夏の島がたまたま目に入ったけれど、地球上には寒い山地やポカポカの原っぱだってあるはず。常夏の島は「アイスクリームが溶けやすい」けれども「アイスクリームがおいしく感じられる場所」とも言える。

そう、人にも物事にも、自分には見えていないさまざまな面があると想像できることが大事。そしてどうせ同じ事実なのであれば、今見えている面をポジティブに捉えて伝えたほうが、自分も周りも気持ちよく過ごせると私は思うのです。

ということで、地球上のどこか好きなところに遊びに行くような気持ちで（？）ポジティブな伝え方を見つける旅にでかけましょう！

1. 今からできる！ 物事をポジティブに捉える習慣の身に着け方

突然ですが、あなたは今朝、歯を磨きましたか？

「当たり前ですよ」という声が聞こえてきそうです。では、今朝自分が歯を磨いている場面を詳しく思い出せますか？ 上下左右それぞれの歯列にブラシを何回往復させ、何を考えながらどんな手の角度で水道の蛇口をひねり、うがいを何秒間行ったか……そこまで細かく覚えている人はいないでしょう。

なぜかというと、私たちにとって歯磨きとは「習慣化」された行動だから。一連の動作をほぼ無意識に行っているため、記憶に残ることもないのです。

しかしそんな習慣も、生まれた瞬間から完璧に身に着いているわけではないですよね。子どもの頃に何らかの指導を受け、訓練を重ねて、意識的に行う時期を経て、今に至っています。

何の話をしているのかって？ 物事をポジティブに捉えるのも、それと同じ仕組みだということです。最初はできる気がしなくても、意識して繰り返していれば、歯磨きのように確実に習慣化できます。

「でも、私はネガティブ思考だから」

「常にポジティブでいるなんて、疲れてしまいそう」

そう思う方もいるでしょう。でも大丈夫。性格をガラッと変えたりしなくていいのです。24時間365日休まず前向きでいる必要もありません。**ポジティブに捉えるスイッチを入れるのは、ネガティブな出来事が起きたときだけ**でいいのです。

「それってつまり、ネガティブなことをポジティブに捉えるってこと？　難しそう」

はい、その気持ちもわかります。ここでお伝えしたいのは、ネガティブな事象を無理やりポジティブに転換する必要はないということ。

ネガティブはネガティブなままでいいのです。ただ、ネガティブな事象にも何かしらのポジティブな要素がくっついているので（私は「**おまけ**」と呼んでいます）、そこに目を向けることをやってみていただきたいのです。

例えば、こんな状況を想像してみてください。あなたは仕事帰りにコーヒーをテイクアウトして、片手にカップを持って歩いています。ちょっとした段差に転びそうになり、その衝撃でコーヒーがカップからあふれ、着ていた服にパシャっとかかってしまいました。しかもよりによって、お気に入りの白いジャケットです。最悪……。あなたは急いで帰宅し、すぐにシミの落とし方を調べてやってみたら、なんとかほぼシミは落ちました。でも完全にキレイにはなっていないので、クリーニング店に持って行かなくてはなりません。面倒……。

さあ、こんな状況ですが、あなたはどんな「ポジティブなおまけ」を見つけられますか？ちょっと考えてみてから、次の行を見てください。

例えばこんな考え方ができます。

「こぼしたのは良くなかったけれど、シミの落とし方なんて知らなかったから勉強になったね。今度もし誰かがコーヒーこぼしたら教えてあげようっと。明日クリーニング屋さんに行くとき、ついでに他の洗濯物も持って行こう。面倒で後回しにしていたから、いいきっかけになったわ」

ネガティブな出来事		ポジティブなおまけ
服に飲み物をこぼした	→	シミの落とし方を知れた
	→	クリーニング店に行くきっかけができた

↓同僚がこぼしたとき、シミの落とし方を教えてあげられる

同じように、仕事の場面では例えばこのように考えることができます。

ネガティブな出来事

仕事でミスをした

ポジティブなおまけ

↓再発防止策を学べた

↓フォローしてくれた先輩のやさしさを知れた

↓ミスした人の気持ちがわかった　など

こういうふうに、ネガティブな出来事があったら「ポジティブなおまけ」を探してみることから始めてみてください。どんなことでも、必ず一つは見つかるはずです！

◆まとめ◆

《物事をポジティブに捉える習慣の身に着け方》

「ポジティブなおまけ」を探してみる

2．毎日に笑顔をつくる！　会話をポジティブに変える言葉の選び方

例えばレストランで食事をしているとき、隣の席の人が「この料理、おいしくない！」など延々文句を言っているのが聞こえてしまったら、どんな気持ちになるでしょう？　せっかく食事を楽しんでいたのに、つられて食欲が減退してしまうかもしれませんね。

逆に、一緒にご飯を食べに行った友だちが「おいしい、おいしい」と喜んで食べている姿を見て、自分もさらにおいしく感じた経験がある人もいると思います。

そう、人は気づかぬうちに、自然と耳に入る言葉の影響を受けているものなんですよね。

私たちは日々、いろいろな言葉を発したり聞いたりして生きています。自分が言葉を発するときには、せっかくなら周りにプラスの影響を与えられる言葉を選べたらいいですよね。ここでは、そのための二つの方法をご紹介します。

一つ目は、前項の復習です。「ポジティブなおまけ」を見つけられるようになったら、それ

を**そのまま口に出す**ようにしてみましょう。例えば、友だちとレストランに来てみたらすごい行列だった、というときなら、「待つのはイヤだけど、そのぶんお腹がすいてよりおいしく食べられるね」という感じです。

続いて二つ目。「事実は一つでも捉え方は複数ある」ということは、ここまでにも触れてきました。それを表現する言葉の種類もいくつもあるのだとすれば、その中でも**一番ポジティブな言葉を選んで口にしよう！**　ということです。

またレストランの例を出しますが、もし、食べた料理の味が薄かったとしたら、あなたならどんな言葉で伝えますか？　「味が薄い」という一つの事象に対して、どんな捉え方、どんな表現ができるでしょう。良し悪しに関わらず、できるだけたくさん挙げてみてください。

事象		表現
味が薄い	↓	あっさり、食べ応えがない、ヘルシー、飽きない、……

はい、いくつか挙がりましたね。次に、挙げた言葉の中から一番ポジティブだと思う言葉を

選んでみてください。もしどれがポジティブかわからなかったら、まずネガティブだと思う言葉を消していき、最後に残ったものに決めましょう。ポジティブな言葉が複数ある場合は、自分の気持ちに近いものを自由に選んでOKです。

味が薄い　↓　あっさり、食べ応えがない、ヘルシー、飽きない、……

今回は「あっさり」を選んでみました。口に出すときは選んだワードに**「自分のポジティブな感情を表す言葉」**を付け加えるとさらに良いです。

「あっさりしていて、**おいしいね**」

これでポジティブな表現の完成です！

他には、こんなふうに応用できます。

・派手な服装　↓　華やかで素敵
・地味な服装　↓　シンプルでかっこいい
・堅苦しい人　↓　堅実で頼りがいがある
・動作がゆっくりな人　↓　落ち着いていて安心できる

・動作が速い人　↓　テキパキしていてすごい

日頃からこういう言葉の使い方をしていると、あなたの言葉をいつも聞いている仕事仲間や後輩たちに、自然と良い影響を与えられるようになります。「この人といると、なんか楽しい」「なんとなく、前向きな気持ちになれる」そういう存在になれますよ！

◆まとめ◆
《会話をポジティブに変える言葉の選び方》
状況を表す最もポジティブな言葉をチョイス・ポジティブな感情を表す言葉をプラス

3. 信頼関係を深める！　感謝の気持ちの伝え方

「ありがとう」と言われると、誰もがうれしい気持ちになりますよね！　そう聞くと、あまのじゃくな私は「うれしくないケースもあるかもしれない」と考えてしまいます（笑）。あるとすればどんなときでしょう。心がこもっていない、テンプレートで仕方なく言っている、実は嫌味だった……そんな「ありがとう」なら、むしろ聞きたくなかったと感じますよね。

自分が誰かに感謝の気持ちを伝えるなら、相手に喜んでもらいたいと思うもの。さらに、その後の信頼関係にもつながるきっかけになったら素敵です。そのためにはどうすればよいのでしょうか。まずはシンプルに、先ほどお伝えした「こんなありがとうはイヤだ」の反対をやってみましょう。

×心がこもっていない　↓　〇心がこもっている
×テンプレートで言っている　↓　〇自分らしい言葉で伝えている
×嫌味　↓　〇ストレートに丁寧に感謝の気持ちを伝えている

では、具体的にどうすればいいか、順番に解説していきます。

まず「心がこもっている」と相手に感じてもらうためには、**言葉と表情を一致させる**ことがポイント。想像してみてください、めちゃくちゃ怒った顔と不機嫌そうな声で「ありがとう」と言われたら……ちょっと怖いですよね。感謝の気持ちがある人の態度だとはとても思えません。

顔はニッコリ、相手を真っすぐ見て、口角を上げて明るい声で伝える。それで初めて、言葉に心がこもっていると相手に感じてもらうことができるのです。

次に、自分らしい言葉で伝えるということ。といっても、オリジナリティあふれる語彙が必要とか、そういうわけではありません。ただ、ありがとうの言葉に加えて「なぜありがたいのか」「どうありがたかったのか」も自分なりに伝えてほしいのです。

例をみていきましょう。

【「なぜありがたいのか」を伝えてみよう】

・**大切なことを教えてくれて**ありがとう
・**忙しいのに手伝ってくれて**ありがとう
・**いつも丁寧に仕事をしてくれて**ありがとう
・**私のために時間をつくってくれて**ありがとう　……

こんなふうに言われると、相手は「なぜありがたかったのか」が具体的にわかり「教えてよかった」「手伝ってよかったな」などと、うれしい気持ちになります。さらに、どんな気持ちになったのかを、ストレートかつ丁寧な言葉にすると、うれしさが倍増するでしょう。

【「なぜありがたいのか」＋「どうありがたかったのか」を伝えてみよう】

・大切なことを教えてくれてありがとう。**すごく勉強になりました。**

・忙しいのに手伝ってくれてありがとう。**おかげで間に合ったよ。**

・いつも丁寧に仕事をしてくれてありがとう。**本当に助かっているんだ。**

・私のために時間をつくってくれてありがとう。**とてもうれしかった！**　……

こんなふうに感謝の気持ちを「ありがとう」だけではなく言葉にして伝えると、相手はうれしいというだけでなく「自分の言動を認めてもらえた」「意図や気持ちを汲み取ってくれた」と感じるのです。小さなそれを日々積み重ねることで、相手との間には信頼関係が少しずつ深まっていくことでしょう。

◆まとめ◆

《信頼関係を深める感謝の気持ちの伝え方》

・言葉と表情を一致させる。ありがとうを言うときは、にっこり明るい声で。

・ありがとうに加えて「なぜありがたいのか」「どうありがたかったのか」も伝える

4．どんな後輩にも必ず見つかる！　人の良いところの見つけ方

「チームメンバーを褒めろと言われるのですが、難しいですね」。昔、チームリーダーを務めている後輩から相談されたことです。その後輩は話すのが上手いイメージだったので意外だなと思い、どうして？　と聞いてみると「褒めるところがない人がいる」と。

このときに私は気づきました。**人を褒めるということは「良いところを見つける」と「それを伝える」の二段階で構成されている**のだと。いくら伝えるのが上手でも、良いところを見つけることができなければ、褒めるのは不可能ですよね。

というわけでこの項では、人の良いところの見つけ方についてお話しします。先の後輩は「褒めるところがない人がいる」と言っていましたが、良いところが一つもない人間はいません。**「ない」と思うのは、実は「自分が見つけていないだけ」**なんですよね。

褒めるのが苦手だという人に理由を聞くと「その人のことを深く知らないから」「出会って間もないから」と返答されることがあります。確かに、相手と付き合いが長かったり、何度も

接したことがあったりして人となりをよく知っていると、良いところもたくさん把握しているでしょう。褒めたくなる点も自然といっぱい出てくるかもしれません。

しかし、だからといってそうでなければ褒めることは不可能というわけではないのです。たとえ出会って間もなくても、なんなら初対面であっても、相手の良いところを見つける方法があります。

それは、相手の行動、発言、状態を見ること。例えば……

【相手の行動、発言、状態から発見できる〝良いところ〟】

・笑顔で迎えてくれた
・素敵なスーツを着ている
・素晴らしい意見を言っていた
・私を気遣って声をかけてくれた
・早めに到着して皆を待ってくれた
・優しく話を聞いてくれた

相手がどんな人格を持っているのか、自分の前にいないときや職場以外のところではどんな立ち居振る舞いをしているのか。それは、かなり長い付き合いにならないとわからないことでしょう。しかし、**今目の前でその人がどのような状態であるのか、何を言っているのか、何をしているのかを見て、その中から良いところを抽出すれば**、それはそのまま褒めるべきところになります。

もう一つ。冒頭の後輩が、こんなことを言っていました。そこは電話営業の部署だったのですが「１件も獲得できていない人は、結果が出ていないので褒めようがないですよね」。確かに結果ということで言えばゼロですから、その部分に関しては褒めるわけにいきません。そんなときは、結果以外のプロセスにおける「行動、発言、状態」に着目してみましょう。

【プロセスにおける行動、発言、状態から発見する〝良いところ〟】

- **丁寧に話ができていた**
- **昨日よりも一つ多く、お客さまに提案できていた**
- **粘り強く電話をかけ、〇件の顧客と話ができた**
- **新しい営業トークにチャレンジしていた**

もちろん営業ですから、プロセスだけが良ければいいわけではありません。ただプロセスなくして結果は出ないので、良い部分にはちゃんと気づいて褒めることは重要なのです。改善してほしいところは、その後で伝えればいい。

もう一度言いますが、どんな人にも必ず良いところはある。自分の目に入っている範囲だけでも「行動、発言、状態」に目を凝らせば見つけられるはずです。

◆まとめ◆
《人の良いところの見つけ方》
・目の前の人の「行動、発言、状態」に目を凝らし、良いところを抽出する
・まだ結果が出ていなくても、プロセスにおける「行動、発言、状態」に着目する

5. 後輩が喜ぶ! 自分もうれしい! 良いところの伝え方

前項では、人の良いところの見つけ方についてお話しました。それができたら、次は相手にどう伝えるか考えてみましょう。以前、私の話し方講座に参加してくれた方が、こんなことを

言っていました。

「誰かのことをいいなと思っても、褒めるとなんだかエラそうになってしまいそうで、何も言えないいんです」。

それを聞いて私は気づきました。褒める言葉を選ぶのは、相手のためはもちろん、それを伝える自分自身にとっても大切なことなのだと。自分の素直な「いいな」という気持ちを伝えることができ、相手にも喜ばれる、そんな褒め言葉のチョイスについて解説していきます。

さて、褒めたつもりが「エラそうになってしまう」としたら、原因は何なのでしょうか。それは「評価」の言葉を使っているからです。例えば、よくできている、えらいね、頭いいですね、素晴らしいですよ、など。まったくもって良い意味でしかない言葉ですが、なぜかエラそうになってしまう理由は「自分が相手を評価している」ことになるからです。

では、どうすればいいのか。**評価ではなく「感想」の言葉に変換**してみてください。相手の行動、発言、状態を評価するのではなく、それを見て、聞いて、触れた自分の気持ちを表現するのです。

【評価の言葉を「感想」に言い換える】

・あなたが作った資料、**よくできています** ↓ **わかりやすくて助かりました**
・あなたのスピーチ、**素晴らしかったです** ↓ **感動しました**
・あのようなアイデアが出るなんて、**頭いいですね** ↓ **尊敬します**
・あなたの発言は**素晴らしかったです** ↓ **勉強になりました**
・自ら進んで仕事を引き受けるとは、**えらいね** ↓ **すごいなと思いました**

相手が後輩や部下なら、評価の言葉をそのまま伝えても問題ないのかもしれません。ただ、相手の良いところを伝える目的を考えてみると、相手に喜んでもらう、自分もうれしくなる、さらに周りの空気も良くなって、ひいてはみんなの仕事が円滑になれば……（欲張りすぎ？でも本当にそうなんです！）ってこと。

そして人は、評価されるよりポジティブな感情を素直に伝えられたほうがうれしいものなのです。だったら言い換えたほうがいいですよね。

さあ、ここまで来たらもうちょっと欲張って、相手をもっと喜ばせる褒め方をみていきましょう。それは**「周りを巻き込む」**こと。人は一対一よりも**皆の前で褒められるほうが、よりうれ**

しい。そして、一人からよりも**多くの人から褒められるほうが、よりうれしい**のです。例えばあなたが友だちの家にお菓子を持っていったとして、友だちが「おいしかったよ！」と言ってくれたらうれしいけれど、「おいしかった！　家族もみんな喜んでいたよ！」のほうがうれしさが倍増しませんか？

【人を巻き込む】

・あなたが作った資料、わかりやすくて助かりました。**部のメンバーにも共有させてください。**
・あなたのスピーチ、感動しました。**他の同期にも聞かせたい！**
・あのようなアイデアが出るなんて、尊敬します。**その考え方を皆に教えていただきたいです！**
・あなたの発言は勉強になりました。**他の人たちもタメになったと言っていましたよ。**
・自ら進んで仕事を引き受けるとは、すごいなと思いました。**皆で見習います。**

こんなふうに、良いところを伝える文章の中に「部のメンバー」「他の同期」「皆」のような複数の人々を登場させることで。相手の喜びをさらに増やすことができます。

喜ばれると、言った自分もうれしいですよね！

◆まとめ◆

《人の良いところの伝え方》

・評価の言葉を「感想」に置き換える。

・人を巻き込む。良いところを伝える一文に複数の人々を登場させる。

6. 前向きに動きたくなる！ はげまし方

あなたは、自分に自信がありますか？ そう聞かれて、何の迷いもなく「あります！」と即答できる人は、そう多くはないのではないでしょうか。さらに言えば、わりと自信があるほうだという人も、24時間365日同じレベルで自信を保っていることはないはずです。おそらく誰もが、時に自信をなくしたり、でも何かのきっかけで自信を取り戻したり、そんなことの繰り返しで生きているのではないでしょうか。

自信をなくしたり、取り戻したり。そういった経験があなたにもあると思います。その取り戻したきっかけが、誰かがかけてくれた言葉だったりすることも多いでしょう。もし目の前で後輩が意気消沈していたとして、自信を取り戻せるような言葉をかけてあげられたら、いいですよね。

自信を失っている人にやみくもに「元気出せよ！」と言っても、きっと逆効果です。自信が持てないという状態は**「『自分はこれで大丈夫』と思える根拠」を失っている状態**なので、そこを解決しないことには前に進みません。ということで、相手には「あなたは大丈夫」ということと、その根拠となる事柄を伝えてみましょう。

【あなたは大丈夫、なぜなら〇〇だから】

・あなたは大丈夫。**なぜならあのとき、あんなに難しいタスクをこなして見せたから。**
・あなたは大丈夫。**〇〇さんに認められるだけのスキルがあるのだから。**
・あなたは大丈夫。**〇〇の人たちから信頼されているから。**
・あなたは大丈夫。**〇〇をこんなに長い期間続けることができたのだから。**

という感じで、自分が「あなたはすごい」と思っている理由となる出来事を、そのまま伝えると良いのです。「自分はダメだ」と主観で思い込んでいる人には、客観的な事実を用いた伝え方が効きます。また、根拠をきちんと説明することで「丁寧に元気づけようとしてくれている」ということが相手に伝わります。

逆に「あなたは大丈夫！　なぜなら大丈夫だから！」と言われたら、雑だなあ、と感じてしまいますよね（笑）「自分はそれほど雑に扱われる程度の存在なのか」と余計に自信を失ってしまうかもしれません。

目の前の相手が落ち込んでいると「何かしてあげなきゃ」という気持ちになりがちですが、失った自信を取り戻すことができるのは本人しかいません。さらに、失ったかのように思える自信は、実は本人の中にあるのに見えなくなっているだけだったりします。そんな後輩にあなたがしてあげられることは、**忘れかけている自信を思い出すきっかけをつくること**。そのためには、本人がうまくいったときのエピソード、それを見てすごいと思った自分の気持ちを話してあげることです。

【自分の中にある自信を思い出してもらう】

・○カ月前に、皆が投げだしそうになっていた難しいタスクで、あなたはいち早く効率よくやる方法を見つけて、皆に伝えてくれたじゃない。あなたのそういう機転が利くところとか、皆に共有してくれる優しさ、本当に尊敬する！

このように、過去の実際の出来事と、そこから生まれたポジティブな感情を伝えることで「自分はすごいと思ってもらうに値する存在なんだ」ということに気づけるのです。

◆まとめ◆
《前向きに動きたくなる！　はげまし方》
・「あなたは大丈夫、なぜなら〇〇だから」を伝える
・本人の過去の成功体験エピソードと、すごいと思った感想を伝える

7. 素直に受け取れば周りも幸せ！　感謝のされ方・褒められ方

最近、誰かにプレゼントを渡しましたか？　家族への贈り物、友だちへの旅行のお土産、お世話になった人に菓子折り……など、渡す物と相手、理由はいろいろなパターンがあると思います。いずれにしても相手のことを頭に浮かべて、あれこれ考えて選びますよね。そうして渡したとき、どんな反応をされたらうれしいでしょうか。次の中から、自分がされてうれしい反応、うれしくない反応を選んでみてください。

【プレゼントをもらったときのリアクション例】

- **ありがとう！　うれしい！**
- **え～こんなの申し訳なくて受け取れないです。**
- **わぁ感激です！　ありがとうございます！**
- **ありがとうございます、でもいいです、あなたが食べてください！**

どれが良い・悪いことはありませんが「**相手を喜ばせることができる反応かどうか**」というポイントで見た場合の適した・適していない表現というのはあります。

「受け取れないです」「いいです」は、言った本人は「謙遜」「遠慮」のつもりでも、言われたほうとしては「否定」「拒否」のように感じてしまうもの。プレゼントを渡す側としては、やっぱり思い切り喜んでもらえるのが何よりうれしいですよね。

まずは「ありがとう」というお礼の言葉と、それに加えて満面の笑顔と大きめのリアクション、「うれしい」「感激です」といった感情表現の言葉があるとグッドです。

そしてもっと、プレゼントをくれた相手を喜ばせるリアクションの言葉をみていきましょう。それは、感謝と喜びの表現に加えて、相手を褒めること。詳しくいうと「承認」「賞賛」の言葉をプラスすると、相手としてはより一層うれしい気持ちになります。

【承認や賞賛の言葉をプラスしたリアクション】

・**あなたからプレゼントをいただけるなんて、**感激です！

・**忙しいのにわざわざ選んでくれたんだね。**ありがとう！

・ありがとう！　**さすがセンスがいいね！**

ほかにも、相手がしてくれたことが自分にもたらした「効果」を伝えるのもおすすめです。

【効果を表す言葉をプラスしたリアクション】

・うれしいな。実はイヤなことがあって落ち込んでいたのだけれど、**あなたのおかげで元気が出たよ！**

・ありがとう、あなたからいただいた物が、**次の日の仕事ですごく役に立ったよ！**

ここまでプレゼントをもらったときの例で説明してきましたが、自分が感謝されたり、褒められたりしたときのリアクションにも応用できます。

【褒めてもらったときに、相手に喜んでもらえるリアクション】

・ありがとう、**私のことよく見てくれているんですね。**
・**あなたのおかげで自信が持てました！　ありがとう。**
・こちらこそ、**あなたのお役に立ててとてもうれしいです。**
・ありがとうございます、**あなたにそう言ってもらえるとはうれしいです。**

子どもの頃と比べて、大人になるとなかなかストレートに褒められることって少なくなるのかもしれません。思いがけずお褒めの言葉をかけられると、つい反射的に「いえいえ、そんな」と言ってしまったりしますが、褒めた人の気持ちを考えたら、それこそ子どものように、素直に喜びを表現するのが一番！　それに加えて言葉で丁寧に感情、承認、賞賛、効果を伝える言葉を添えられるようになれば、最強の褒められ上手になれるでしょう。

◆まとめ◆
《感謝のされ方・褒められ方》
・お礼の言葉、満面の笑み、大きめのリアクションで喜びを表現
・相手に対する「感情」「承認」「賞賛」の言葉をプラスする
・相手の言葉が自分にもたらした「効果」を伝える

8. ネガティブなことをポジティブに伝える方法

職場をいつでも明るく楽しいところにしよう！　と思っていても、実際にはそんなにいいことばかりは起こらないのが、仕事というもの。急ぎのタスクに追われたり、トラブルが起こったり……「えーっ、イヤだ、やりたくない！」と思っても、そう簡単には逃げられませんよね。

また、先輩になったあなたには、自分がやるだけでなく後輩に依頼をする立場になることもあります。自分がやればいいだけならまだしも、後輩にちょっとでも気持ちよく動いてもらうためにはどうしたらいいのでしょう。

ここで、前にもお伝えした「事実は一つ、捉え方と伝え方は複数」という考え方が生きてきます。今日の前にある状況の、ネガティブに見えていることをポジティブに捉えられる面がないか探してみましょう。「レッスン1 - 2」で学んだことと同じ考え方です。

【レッスン1 - 2の復習　ポジティブな面を伝える】

・味が薄い　↓　**あっさりしている**
・地味な服装　↓　**シンプルでかっこいい**
・堅苦しい人　↓　**堅実で頼りがいがある**
・動作がゆっくりな人　↓　**落ち着いていて安心できる**

ではこの考え方を、職場での会話に当てはめてみましょう。ネガティブな状況を、先輩がポジティブに伝えて乗り切るケーススタディを見てみてください。

【ケーススタディ】

先輩Aさんは、上司から仕事の依頼を受けました。取引先に関するデータを、後輩Bさんと一緒に報告書にまとめるというタスクです。

後輩Bさん：この大量なデータを明日までに二人でまとめないといけないってことですよね（プレッシャーがすごい。先輩と一緒とはいえイヤすぎる）。事情はわかりますが、あと一日しかないんですよ。難しいし、できなかったら怒られるかもしれないじゃないですか。私、心配性だから、不安です。どうしよう。

先輩Aさん：Bさんは慎重派だね！　あと一日あるから、どうしたらできるか、よかったら一緒に考えてくれない？　こんなヘビーなタスク、なかなかやりがいがあるよね。重要な仕事を急遽引き受けたのだから、できたらきっと感謝してもらえるよ。

さて、先輩Aさんは後輩Bさんのネガティブ発言をどのように言い換えたのか、ポイントをチェックしてみましょう。

ネガティブワード		ポジティブワード
心配性	↓	**慎重派**
あと一日しかない	↓	**あと一日ある**
できなかったらどうしよう	↓	**どうしたらできるかな**
難しい	↓	**やりがいがある**
できなかったら怒られる（かもしれない）	↓	**できたら感謝される（かもしれない）**

こんなふうに、もし職場で誰かの消極的な発言を聞いたら「ポジティブな言葉に言い換えられないかな?」と考えてみてください。ポジティブワードを会話にさりげなく盛り込むことを積み重ねていたら、イヤイヤやっていた仕事はそこまでイヤじゃない仕事になり、けっこう楽しい仕事はすごく楽しいな仕事になったりして、本当に「いつでも明るく楽しい職場」に近づくのではないかと思います!

◆まとめ◆
《ネガティブなことをポジティブに伝える方法》
ネガティブな事象や、誰かが言ったネガティブな言葉を、自分がポジティブワードに変換して話す

9. ポジティブ表現の落とし穴! 逆効果になる伝え方に注意

ここまでポジティブな伝え方をあれこれお話してきました。この項では、一見ポジティブだ

けれどネガティブに伝わってしまったり、ポジティブに伝えているつもりがネガティブな感情を与えてしまったりする、注意したい言い回しについて押さえておきましょう。

▼やってはいけない・その1〈他のものを否定して褒める〉

「Aベーカリーのパンは不味《まず》いけれど、このお店のパンは美味しいですね！」のように、比較対象を持ち出して褒める言い方です。これをやると「悪口を言う人なんだな」という印象を与えてしまうかもしれません。さらに、ひょっとすると実はこのパン屋さんとAベーカリーが協力関係にあった、なんていう可能性も。

せっかくのポジティブ表現に、誰かを否定するような要素は入れないようにしましょう。どうしても「他より優れている」ことを伝えたいのなら、具体的な名称や特定の人を指す言葉は使わずに「そういう人、なかなかいないよ！」のようなフレーズで相手の希少性を伝えてください。

〈例〉

・他の同期はぜんぜんダメなのに、あなたはできが良いね→**社歴〇カ月でここまでできる人、なかなかいないと思うよ！**

・他の人が作るとわかりにくいのに、あなたの資料はわかりやすいね→**こんなにわかりやすい資料を作れる人、なかなかいないよ！**

▼やってはいけない・その２〈ネガティブな面を出してから褒める〉

私が求人広告のライターをしていたときの話です。

「○○業界は残業が多いイメージがありますが、当社は定時で帰れます」のような表現が以前はよく使われていたのですが、これからはやめてほしい、との通達が、あるとき広告代理店からありました。

確かに共感を得られる場合もあるでしょうけれど、「○○業界」を知らない人には新たなネガティブイメージを与えることになりかねませんよね。わざわざネガティブな前置きをしなくても、十分良い面を伝えることはできます。

〈例〉

・○○業界は残業が多いイメージがありますが、当社は定時で帰れます→**定時で帰れる○○業の会社です**

・○○プロジェクトは敷居が高いと思われているけれども、すごくやりがいがあるんだよ→**○○プロジェクトは、実はやりがいがある仕事なんですよ**

▼やってはいけない・その３〈相手を否定してから褒める〉

意外とやってしまいやすかったりする「○○なのにすごい」「○○のわりにすごい」という

言い回し。褒められているはずなのに、なんだかモヤモヤする……と、相手に複雑な気持ちを抱かせてしまうかもしれません。「なのに」「のわりに」というワードを言わないようにすることで、否定表現を避けやすくなります。

〈例〉

・新入社員なのにすごいね　↓　**入社〇カ月でこの仕事ができるとは、すごいね**

・営業経験がないわりにその成績はすごいね　↓　**初めての営業でその成績を出せるとは、すごいね**

褒める表現をいろいろと工夫しているうちにいつの間にか否定的なことを言っていた、という落とし穴にはまらないよう、３つのポイントを頭の片隅に置いておいてくださいね！

◆まとめ◆

《ポジティブ表現の落とし穴を避ける方法》

・褒めるために他の物や人を否定しない

・褒める前にネガティブな面を言わない

・「なのに」「のわりに」を言わない

10. ここ一番で発揮！　みんなのモチベーションを上げる言葉のかけ方

「レッスン1」の最後の項は、同僚や後輩たち、チームメンバーなどが元気をなくしている、士気が下がっているときの声のかけ方について。

特に深刻なトラブルが起こったというわけではなくても、なんとなく雰囲気が重くなるときってありますよね。忙しい日が続いて疲れている、今やっている仕事の先が見えない、大きな案件の前でプレッシャーが……など、重大な事件ではなくてもモチベーションに影響する事象というのはあるものです。もちろん根本的な問題があるのであれば、それを解決するのがベスト。ですが、ここでは自分たちではどうしようもない原因で空気が重くなっているときに、どんな言葉をかけたらいいのかを一緒に考えてみましょう。

▼モチベーションを上げる声かけ・その1〈ゆるく楽観的なポーズをとってみる〉

自分ではどうしようもない原因で落ち込んでいるときって、小さな不安を自分で拡大してしまっていたりします。後輩どうしで愚痴を言い合って、不安を増長させていることもあるかもしれません（不安を吐き出せる関係性は素敵なんですが、ね）。

そんなときは、無理やり力技で元気を出させようとしても、だいたい逆効果。先輩であるあなたが、**敢えて状況を楽観的に捉えて、ゆるーく声かけをする**のが案外効果的です。

「大丈夫、なんとかなるよ」と言ったり、ぜんぜん関係ない冗談を言ってみたり、休み時間にアイスを食べに抜け出したり。「先輩がそんな感じなら、まあ本当になんとかなるのかもしれないな」と思わせられたら成功です。

▼モチベーションを上げる声かけ・その2〈ネガティブを明るく口にしてみる〉

人は負の感情に支配されているときほど、正論が耳に入らないものです。「前向きになれ！笑顔、笑顔!!」なんて言おうものなら、しらけるか怒られるかどちらかですよね。そんなときは**ネガティブな雰囲気に共感して寄り添いつつ、**かといって一緒になって暗い雰囲気にならないよう、**明るく口にする**のがポイントです。

「いやー、ホント疲れたね！　私なんて昨夜、ごはんを食べながら寝ちゃったよ」「プレゼン、めちゃくちゃ緊張するね、私、かみまくったらどうしよう（笑）」というふうに、ちょっと笑えるトホホ話として伝わればバッチリ。

後輩は共感を得られてホッとしつつも、あなたの本音にふれることでいい感じで肩の力が抜けるはずです。

もし、この項を読む前に「ぜったいにチームのモチベーションを上げる魔法の言葉」が書いてあると思った方がいたら、期待外れだったかもしれません。ゴメンナサイ。でもね、今回に限らず、言葉に「ぜったい」はないのです。

放った言葉が、自分の意図どおりに伝わるとは限らない。良かれと思って言ったことが、逆の意味に受け取られてしまうかもしれない。そんな中で、私たちは生きています。その現実を理解したうえで、どんな言葉をかけたら相手の気持ちが変わるだろう、行動を促せるだろう、そう考えることが大事。今回はちょっと変化球のアプローチでしたが、正論が通用しないときにこんな方法もあるよ、というお話でした。

◆まとめ◆

《みんなのモチベーションを上げる言葉のかけ方》

- **「なんとかなるさ」とゆるく楽観的な言葉をかける**
- **ネガティブな気持ちを明るく言葉にしてみる**

【レッスン１・しめくくりメッセージ】時にはネガティブだっていい

ポジティブな伝え方を探す旅、ここでいったん、小休止です。お疲れさまでした。本文の中でも少し触れましたが「いつでも明るくポジティブでいるのって大変ですよね」と言われることがあります。また、ある上司からは「役職者は俳優だ」と聞いたことがあります。役職者という役割を演じよ、ということですね。確かにそんな必要性は私も感じたことがありますし、それでうまくいくこともあると思います。

しかし、本当に「この人についていきたいな」と思う上司や先輩って、それだけじゃない気がするんですよね。ついていきたいと感じる、それってその人を尊敬していて、なおかつ人間的に好きということ。もしも、常に１００％演技で、絶対にポジティブな面しか見せてくれない先輩がいたとしたら、一定の尊敬はするかもしれないけれど、人間味を感じられなくて好きという気持ちにまではならないかなと思います。

ポジティブでいる努力をするのは、相手や周りへの気遣いです。適度に気を遣われるのは「大切に扱われている」という感じがしてうれしいけれど、気を遣われすぎて逆にこちらが気を遣ってしまった、なんていう経験もまた、誰しもあるのではないでしょうか。

相手や周りに肩の力を抜いてもらうためにも、時にはネガティブな面を見せたっていいんです。疲れたり、緊張したり、不安になったり、それって誰にでも当たり前にあることですよね。そんなあなたの一面を時にはチラッと出して、周りに知ってもらうのは、あなたという人間を知ってもらい、愛してもらうことにつながるのです。

そして何より、いつもポジティブでいたら、自分が疲れてしまいます。人生は長いし、その大半を過ごす場所が職場です。周りが気持ちよく過ごせていれば、自分も気がラクになる。そのためにも周りにポジティブな影響を与える伝え方を習慣化し、それでもって時々はゆるっとネガティブな気持ちも出してみる。そんな感じで、これからの先輩ライフを歩んでみていただきたいと、私は思います。

《レッスン2》

伝え上手は聴き上手から！
信頼関係が築ける話の聴き方

【レッスン2・はじまりのメッセージ】

伝える前に聴くことで信頼関係を築くのが重要な理由

人と信頼関係を築くには、どんなことが必要になるでしょう。

伝え方はもちろん大事です。でも「伝えることだけ」で相手の信頼を得るのは、きっと難しい。もしも伝えるのがすごく上手な人がいたとして、でもその人は自分の話をぜんぜん聴いてくれなかったとしたら、どう感じるでしょうか。おそらく、そこから相手を信頼できるというところまでたどり着くには、なかなか時間がかかりそうですね。

逆に、知り合ってからあまり時間が経っていなくても、こちらの話をじっくり聞いてくれる人がいたらどうでしょう。真剣に耳を傾け、積極的に理解しようとしてくれたり、共感を示してくれたりした相手となら、信頼関係を築くまでにそう長くはかからないのではないでしょうか。

伝えることはもちろん大事です。しかし敢えて順番をつけるとしたら、その前に聴くことがもっと大事。そして「どう聴くか」ということも重要になってきます。

というわけで、「レッスン2」は聴き方の話です。聴くときに大事なこと、会話に欠かせない質問の仕方、それから実はインタビュアーでもある私の経験談なども盛り込みながら、あの手この手で「聴く」について大切なことをお伝えしていこうと思います。

あなたは、聴くことは得意ですか？　なかなか難しいですか？　聴き方で悩んでいますか？　どんなことで悩んでいるのでしょう。ああ、この紙面でもどうにかしてあなたのお話を聴けたらいいのに！　……と言っていても仕方がないので「レッスン2」を始めましょう。

もし聴くことが苦手だと思っていたとしても、ポイントを押さえればちゃんと相手の話を聴いて、それを手段として信頼関係を築くことができます。それでは、どうぞ！

1．話を聴くときに大切な心の姿勢のつくり方

「聴くことは大切」。この本の中で私がそう言う目的は、**後輩のことを知るため、相手に合った接し方をするため、そして信頼関係を築くため**。聴いて得た情報がコミュニケーションの糧《かて》

になりますし、聴くこと自体もコミュニケーションそのものです。ただ聞くだけでいいならどんな聞き方でもいいのですが、**相手と信頼を築くためという明確な目的があるのなら、聴く側の心の姿勢がまず大事**です。それがあれば、出会ったばかりの後輩だったとしても、スムーズに良い関係をつくっていくことができるでしょう。逆に、話の聴き方であなた自身にマイナスイメージを持たれてしまうと、そこから挽回するのはかなり困難です。

そもそも「きく」ってどういうことでしょうか。なんとなく耳に入るだけでも「きく（聞く）」と言うし、じっくり集中して耳を傾けるときも「きく（聴く）」と言います。人に何か尋ねるのも「きく（訊く）」ですよね。「きく」にもいろいろあるなかで、ここでは次のように定義づけたいと思います。

【相手と信頼関係をつくるための「聴く」の定義】

相手が話している事実と心情を理解し、共感を示すこと

まずこの項では、そのためにつくるべき心の姿勢をみていきましょう。

１．相手に向き合うこと

頭の中にある他のことをいったん横に置き、目の前の後輩の話を聴くことに集中するのがまず大事です。パソコンを見ながらだったり、作業をしながらはダメ！　後輩のほうに顔を向けるだけでなく、体ごと向けて**「私は今、あなたと全力で向き合っていますよ」**ということを示すのです。

もし忙しくて集中する余裕がなければ、別の時間を設定しましょう。「聴いているよ」と口では言いながら全然聴いていない態度を一度見せてしまうと、失った信頼を取り戻すのはなかなか困難です。

２．関心を持つこと

話している内容だけでなく、その人自身に関心を寄せて聴くことです。といっても、必ずしも個人的に興味を持たなければいけないわけではありません。個人的な好き嫌いの話ではなくて、仕事上の信頼関係を築くために、相手が話している内容、そしてその人自身を**「もっと知りたい」と思って、その姿勢を示しながら聴く**ということです。

3. 伝えること

聴くことの話なのに、伝える？　と思った方もいるかもしれません。でもこれがとても大事なんです。これは私のことなのですが、学生時代に電話で友だちの恋愛相談を受けていたとき、聴くことに集中しすぎて相槌を忘れ「ねえ、聞いてる!?」と言われてしまったことがあります（笑）。そう、実際にはどんなに真剣に聴いていても、**それを何らかの手段で相手に伝えなければ、何もしていないのと同じ**なんですよね。そんなアクションの仕方も、次項からお伝えしていきます。

まずはどんな技法を取り入れるにしても、この心の姿勢を大事にしていきましょう。

◆まとめ◆

《話を聴くときに大切な心の姿勢のつくり方》

- **相手に向き合う**
- **相手に関心を持つ**
- **聴いていること、共感していることを伝える**

2. 相手が気持ちよく話してくれる！　話を聴くときのアクションの仕方

こんなゲームをご存知ですか？　二人1組になって、一人が話し手、もう一人が聴き手になります。話し手は1分間好きなことを話すのですが、そのときに聴き手はいっさい何のリアクションもしてはいけません。次に、さっきと同じように話し手は1分間話すのですが、今度は聴き手が自由にリアクションしてよいというルールに変わります。

この2種類の聞き方で、話し手の心情がどう変わったかを見る、実験のような「傾聴ゲーム」です。話し手はだいたい「2回目のほうが話しやすかった」「安心して話せた」「もっと話したくなった」と言います。

これで何がわかるのかというと、聴き手のリアクションひとつで**話し手の気持ちが変わる**ということ。そして、聴き手が話し手から得られる**情報量に差が出る**ということです。そしてそれは、聴くことで**信頼関係をつくれるかどうかに大きく影響**します。

さて、実際にどんなリアクションの仕方があるのか見ていきましょう。簡単なものから3段階に分けて紹介します。

▼話を聴くアクション・その1〈あいづち〉

これが一番簡単な、話を聴くアクションです。皆さんも普段から特に意識せずともあいづちをしていると思いますが、効果的に使えば、相手がたくさん話したくなるような気持ちを促すことができます。

【あいづちの例】

はい、ええ、そうですか、そうなんですね、なるほど！　それでそれで？　へえ～……

ポイントは、いろいろな種類のあいづちを**バリエーション豊か**に使い、話の内容に合わせて声のトーンで表情をつけることです。楽しそうな話のときはテンション高く、悲しい話のときは一緒に悲しんで。逆に、同じトーンであいづちを繰り返して単調になったり、相手の話にカブリすぎたりすると、相手の話したい気持ちがしぼんでしまうので気をつけましょう。

▼話を聴くアクション・その2〈キーワード返し〉

相手が言った言葉を繰り返して言うことで「聴いていますよ」「理解していますよ」という姿勢を見せる方法です。ただ、言ったことすべてをリピートしたり、多用しすぎたりするとただしつこいだけなので注意（笑）。大事なのは、相手の話の中から**ポイントになるキーワード**

をピックアップして言うことです。

【キーワード返しの例】

×相手「ずっと前から好きだったアイドルのコンサートに、当選したんですよ！」
あなた「ずっと前から好きだったアイドルのコンサートに、当選したんですね！」
↓すべて復唱するとしつこい（笑）

◎相手「ずっと前から好きだったアイドルのコンサートに、当選したんですよ！」
あなた「**当選したんですね！**」
↓大事なワードだけピックアップして復唱すれば、話の趣旨を理解していることが伝わる

▼話を聴くアクション・その3〈キモチ返し〉

3つ目は相手の言葉ではなく、**相手の気持ちをこちらが代弁してあげる手法**です。それによって、相手の話に込められた相手の気持ちを理解し、共感していることを伝えらえます。

【キモチ返しの例】

相手「ずっと前から好きだったアイドルのコンサートに、当選したんですよ！」
あなた「**わあ、それはうれしいですね！**」

相手「飼っているネコの体調が悪いみたいなんです」
あなた「**それは心配ですね**」

ポイントは「うれしい」「心配」のように**気持ちを言葉にする**こと、そして**声に感情を込めて表情豊かに伝えること**です。一緒になって喜ぶ、一緒になって心配する、それを声の表情で伝える。思っていても言葉にしなければ伝わらないし、言葉を発していても声の表情が伴っていなければ気持ちは伝わらないのです。

◆まとめ◆
《話を聴くときのアクションの仕方》
・バリエーションと表情豊かな、あいづち
・話の趣旨を押さえた、キーワード返し
・感情を代弁して共感を伝える、キモチ返し

3. 誰とでも楽しく雑談できる！　話を広げる・深めるちょっとした問いかけ方

若手会社員の方に「どんな上司・先輩が好きですか?」と質問すると「よく雑談してくれる人」という答えが多いようです。たしかにずっとビジネスライクでいるよりも、人間的な一面に触れる機会があるほうが心理的な距離が縮まりやすいですから、雑談は社内の人間関係構築にあたり有効な手段と言えるでしょう。

一方で「仕事の話なら問題なくできるけれど、雑談は苦手」という人がいます。その原因と解消する方法を、ここではみていきましょう。

雑談が苦手だという人に理由を聞いてみると「何か話しかけても、会話のラリーが続かない」「うわべだけの会話になり、盛り上がらない」といいます。例えば昼休みの終わりに後輩と休憩室で会ったとき、「お昼ごはんは何を食べたの?」「ハンバーグです」「へえ～」終了。という感じでしょうか。このときの先輩の心境は「一つの話題が終わっちゃった！　次の話題を見つけなくちゃ！」といったところかと思います。しかしなかなかネタは見つからず、昼休みが終わってしまう……。

そう、いろんな話題を次々に繰り出すのってなかなか難しいですよね。今回はそんな人でもきっと簡単にできる、雑談のつなげ方を紹介します。その前に、まずは雑談が盛り上がらないパターンを整理しましょう。

【雑談が盛り上がらないパターン】

・「お昼ごはんは何を食べたの?」「ハンバーグです」「へえ〜」→すぐ終わってしまう

・「お昼ごはんは何を食べたの?」「ハンバーグです」「その靴おしゃれだね」「ありがとうございます」「外は雨降っていた?」「やみました」→いちおう会話が続いてはいるけれど、盛り上がってはいない

せっかくお昼ごはんに食べたものを答えてもらったのに、自分からそこで会話そのものを終わらせてしまう、もしくは別の話題に変えてしまう。これはちょっともったいないです。ポイントは、最初の質問に対して答えを返してくれたということは**「その話題なら雑談できますよ」という相手からのサイン**だと考えること。そうして、**その話題から離れずに質問を続けてみる**のです。

【雑談を続け、盛り上げる例1】

「お昼ごはんは何を食べたの？」「ハンバーグです」「**○○さん、ハンバーグが好きなの？**」「たまたま今日の気分だっただけで、そうでもないです（笑）」「そうなんだ。じゃあ**一番好きな食べ物って何？**」「刺身ですね」「へぇー！　**刺身のおいしいお店ってこの近くにある？**」「ありますよ！　○○の隣にある……」

ハンバーグ→好きな食べ物→刺身、というように、直近の会話で出たキーワードをそのまま拾って質問するだけで、雑談を楽しく続けることができます。もうひとつ例を見てみましょう。

【雑談を続け、盛り上げる例2】

「お昼ごはんは何を食べたの？」「ハンバーグです」「いいね、**どこのお店で食べたの？**」「駅前にある、よく行っている○○です」「私行ったことないんだけど、**どんなメニューがあるの？**」「ハンバーグはソースが3種類あって、他にカレーやパスタがあります」「**○○さんのおすすめはどれ？**」

こういうふうに**直前の発言に対して疑問を投げかけるだけ**でも会話が楽しく続きます。どんな質問をしたらよいか迷ったら「5W1H」のどれかから始めてみてください。

【質問をつくるきっかけになる5W1H】
What（なに）例：お昼は何を食べたの？
Where（どこ）例：どこで食べたの？
When（いつ・何時）例：そのお店、何時頃だったら混んでいないかな？
Why（なぜ）例：なぜそんなにハンバーグが好きなの？
Who（誰）例：誰と行ったの？
How（どんな）例：どんな雰囲気だった？

◆まとめ◆
《話を広げる・深めるちょっとした問いかけ方》
・ひとつの話題から離れず、質問を投げかける
・直近の会話で出たキーワードをそのまま拾って質問する
・5W1Hから質問を考える

4．後輩をもっと知ろう！　考えや思いを引き出す質問の仕方

前項では軽い雑談のシチュエーションを想定した質問のコツをお伝えしました。今度はもっとじっくり一対一で会話する場面での、会話の深め方を見ていきましょう。雑談している時間が盛り上がるだけでなく、相手のことを深く知り、そしてその後の関係を今までより一段階深めるためには、どんなふうに話したらいいのでしょう。

もちろん、夢中になっておしゃべりしているうちにすごく仲良くなった！　というのはとても素敵ですし、それが一番良いのかもしれません。でもそんな理想的な流れが来てほしいときに来てくれるとは限らない……。だったらそんな流れに持って行くきっかけを自分でつくってみよう！　ということで、ここではそのための、考えや思いを引き出す質問のネタをお伝えします。

▼考えや思いを引き出す質問のネタ1〈ルーツを聞く〉

相手の好きなものや趣味についての会話をさらに深めるには、好きになったきっかけ、始め

た動機を尋ねてみることです。その人がなぜそれを好きなのかがわかるだけでなく、その人自身のルーツ、価値観、考え方のベースとなっている体験などを引き出す手がかりとなるのです。

【ルーツを引き出す質問の例】

・いつ頃から好きなんですか？
・どんなきっかけで始めたんですか？
・なぜそれと出会ったんですか？

▼考えや思いを引き出す質問のネタ2〈「いちばん」という言葉を含む質問を聞く〉

話題の中で「いちばん」という言葉を含む質問をすると、その人の好みや思いがグッと解像度が高く見えてきます。例えばラーメンの話題なら「好きなラーメン屋さんは？」と聞くよりも「今まで食べた中でいちばんおいしかったラーメンは？」と聞くほうが、その人がどんなラーメンが好きなのかがより詳しくわかるということです。具体的なエピソードも併せて話してもらうと、さらに理解が深まります。

【「いちばん」を尋ねる質問の例】

・3年間部活をやっていて、**いちばん心に残っている出来事**は何ですか？
・今まで仕事をしていて、**いちばん辛かった**のはどんなことですか？

・その趣味をやっていて、**いちばん楽しかった**のはいつでしたか？

▼考えや思いを引き出す質問のネタ3〈「もしも」を聞く〉

実際に起こった出来事や体験したことだけでなく「もしも〜だったら」という設定で、相手の好きなものや取り組んでいることについて話してもらうのも一つの方法です。相手の人生観が垣間見えるかもしれませんし、意外な一面を知ることができる可能性もあります。

【「もしも」を尋ねる質問の例】

・**もしも今の仕事をしていなかったら**、何をしていると思いますか？
・**もしも○○がこの世からなくなったら**、どうなると思いますか？
・**もしも○○と出会っていなかったら**、何を好きになっていると思いますか？
・**もしも○○を辞めなきゃならないとしたら**、どうしますか？

例えば後輩と二人で外出したり、長時間一緒に作業をしたりすることになったら、会話のチャンス！　こんな質問の技法も取り入れつつ、今までよりもちょっと深く相手を知る機会にしてみてください。

◆まとめ◆

《考えや思いを引き出す質問の仕方》

・ルーツを尋ねてみる

・「いちばん」を尋ねてみる

・「もしも」を尋ねてみる

5. もれなく書ける！　後から役立つ！　メモの取り方

後輩の話を聴くときだけでなく、上司から指示を受けたとき、電話で伝言を頼まれたとき、業務の引継ぎをするときなど、日々仕事をしていて避けて通れないのが「メモを取る」という行為。

私は昔、メモを取るのが苦手でした（いや、今も得意とは言えません）。まず字を書くのが遅いから、メモしているうちに話がどんどん進んで、ついていけなくなる。速く書こうとすれば字が汚くなるので、後から見ても何のことだかわからない……。

そんな私ですが、コールセンターで働いているときに膨大な電話応対メモを取らざるを得ない状況から、いろんな工夫をして、なんとか人並みにメモが取れるようになりました。そのちょっとした「メモトルワザ」をいくつかご紹介します。

▼メモトルワザ・その１〈「画数」を少なく！〉

単純に、ペンを動かす回数が多ければ多いほど、書くのが遅くなります。なので、画数の多い漢字は書かずに**カタカナまたはひらがなでメモ。**よく出てくる言葉はあらかじめ**略語や記号**を決めておくと便利です。

例えば、旅行業界では「連絡」のことを「レラ」と略すのだそうです。私はそれを宿泊予約コールセンターに配属されたときに知ったのですが、便利だな！　と思って今でもずっと使っています。

▼メモトルワザ・その２〈「述語」は略さず書く！〉

一般的なメモのコツとして、キーワードを書くというのをよく聞きます。もちろんそれもナイスな方法なのですが、落とし穴もあります。例えば「Ｂさんへ連絡してほしい」ということをＡさんに伝えたいときに「Ａさん　Ｂさん　レラ」とだけメモしていたら、後から見たとき

「連絡した」なのか「連絡してほしい」なのか、はたまた「連絡しない」なのか、わからなくなってしまいます。なので、**文章の述語にあたる部分を端折《はしょ》らず書いておく**のは重要なことです！

▼メモトルワザ・その3〈メモを2種類に分ける！〉

昔、こんな失敗をしました。電話でお客さまから話を聴きながら「お客さまが言ったこと」と「自分の考え」をごちゃまぜでメモしたため、上司に報告するときに、わからなくなってしまったのです。「それはお客さまがおっしゃっていたの？　それともあなたの考え？」と聞かれても「あれ、どうだったっけ……」という。

そうならないためのおすすめの方法は、**メモ用紙を縦半分に折って折り目を付け、左に相手が言ったこと、右にそれ以外**（自分が案内したことや確認事項など）を書く。もしくはその二**つをペンの色を変えて書く**ということです。ちなみに私は3色ボールペンをいつも持ち、黒はお客さまが言ったこと、青で自分が案内したこと、赤でお客さまとの約束事を書くようにしていました。

▼メモトルワザ・その4〈復唱で時間を稼ぐ！〉

冒頭で話したように私は字を書くのが本当に遅いので、電話応対では何度も聞き返したり、結局メモが取れずにわからなくなったり、散々だった過去があります。お客さまの話すスピードと比べて、私が書くのが極端に遅いのだから、どうしようもありません。あるとき「もう無理！　お客さまの話を聴きながら書くなんて！」と投げ出しそうになった次の瞬間、「あ、聴きながら書かなければいいのでは」と思いつきました（笑）。お客さまが言っているときではなく、**自分が復唱しながらであれば、スピードは自分でコントロールできる**ので、なんとかメモできたわけです。

お客さま「〇〇〇商事です」

北村「マル、マル、マル、しょう、じ、さま、（メモ取りながら）ですね。……はい、かしこりました」

最初はこんなにゆっくりな復唱で大丈夫かな、と少し不安でしたが、やってみるとむしろ丁寧だと感じてもらえるのか、良い雰囲気で応対を終了できることが増えました。焦る必要はなかったんですね。

後輩との面談などにおいても、メモをしっかり取ることができれば、内容を覚えておくことができ、信頼関係を築く糧のひとつになるでしょう！

◆まとめ◆
《もれなく書ける！　後から役立つ！　メモの取り方》
・画数を少なく。略やひらがな・カタカナを活用
・ただし、述語は略さない
・相手の言葉と自分の言葉を分けて書く
・復唱でメモする時間を稼ぐ

6. 話の聴き方、質問の技術を生かした指導の仕方

後輩の指導の仕方について、本格的なものは次の「レッスン3」で紹介するのですが、この項では、ここまでで見てきた聴く技術と質問の技術をそのまま使った、ちょっとした指導方法をお伝えします。後輩のやる気を引き出しながら次の目標へ向かわせる手助けをする方法について、聴く技術と質問の技術を使わないパターン・使うパターンを比較してみます。

【聴く技術と質問の技術を使わないパターン】

先輩：あなた最近、テレアポの成績が思わしくないね。目標1日3件なのに、ずっと1日1件しか取れていないよね。
後輩：はい……。
先輩：そもそも、電話をかける数が少ないよ。
後輩：そうですかね……。
先輩：1日10件しかかけていないよね。それなら30件かければ、3件は取れるよね。
後輩：はい……。
先輩：そういうわけだから、必ず明日から30件のアポ電話をかけてね。

【聴く技術と質問の技術を活用したパターン】

先輩：あなた最近、**テレアポの調子はどんな感じ？**
後輩：普通、ですかね……。
先輩：そうなんだね。**1日に何件くらい取れてる？**
後輩：1件くらいです。
先輩：1件くらいなのね！　**目標って何件だったっけ？**
後輩：3件、です……。
先輩：うんうん、じゃあ、**あなたの現状ってどうかな？**

後輩：達成できてないですね……。

先輩：達成するためには、**どうしたらいいと思う？**

後輩：とりあえず、たくさん電話をかけるとか……。

先輩：たくさんかける、良い方向性だと思う。具体的には**1日何件くらいかけたらいいかな？**

後輩：う～ん……？

先輩：ちなみに、今は**何件くらいかけている？**

後輩：10件です。

先輩：10件かけて、1件くらい獲得できているんだよね。**3件獲得するためには、どうする？**

後輩：30件かける、ですかね。

先輩：それがいいね！　じゃあ、**明日からはどうする？**

後輩：毎日30件はかけます。

先輩：ではそれを、**私と約束してくれますか？**

後輩：わかりました。

先輩：ありがとうございます！　では、これは二人の約束なので、守るために**困ったことがあったら、何でも言ってくださいね。できる限りサポートしますので！**

後輩：はい、ありがとうございます。

使わないパターンではすべて先輩のほうから言っていて、後輩は聴いているだけ。活用したパターンでは、逆に先輩は質問をしているだけで、大事なことはぜんぶ後輩が自分で言っています。どちらも会話の内容と結論は同じですが、後輩、**つまり行動する本人が自分で考えて自分で発言したほうが、言ったことに責任を持つから、約束が守られやすくなります。**

人から言われたことより、自分で決めたことのほうが長続きしますもんね。後輩が発言してくれたら、その内容に関わらず、**「言ってくれたこと」そのものを褒めたり認めたりする姿勢**を見せましょう。そして「あなたがやるべきことですよ」ではなく**「これは二人の約束ですよ」**と共有すること、そして最後に**「サポートしますよ」**という姿勢を伝えることが大事です。

◆まとめ◆
《聴く技術と質問の技術を生かして指導する》
- **現状ややるべきことを、自分から言わずに質問で引き出す**
- **答えてくれたことを褒める、認める**
- **約束として共有する、サポートする姿勢を示す**

7. 聴くときにやってはいけないこと

話の聴き方に絶対的な正解はありませんが、「こういう聴き方をされたら、たいていの人はイヤな気持ちになるよね」というものはいくつかあります。たとえ本人は真剣に聴いているつもりであっても、態度での表し方を間違えるとその姿勢は伝わりません。話すときよりも聴くときのほうが、こちらは言葉をあまり発しないわけですから、よりいっそう態度が大事になってくるわけです。

ということで、これはやらないでおきたい！　という聴き手の態度4つを紹介します。

▼やってはいけない1〈集中しない態度〉

「レッスン2‐1」でも向き合うことの大切さをお伝えしました。多くの人にとって、相手が「自分の話を真剣に聴いてくれなかった」という経験は、イヤな気持ちとなって記憶に残るものです。視線を頻繁にそらす、スマホやパソコンを見る、電話に出る、他の人と話すなど、**他のことに気を取られている態度は、してはいけません。**

どうしても急用や気になることがあるなら「じっくり聴きたいから、これが終わってからにさせてもらえますか」と言って延期にしたほうがいい。ただしメモを取ることは、真剣に聴く姿勢が相手に伝わるのでＯＫです。

▼やってはいけない2〈同じ反応しかしない〉

話し手にとって、それが大事な話であればあるほど、聴き手の反応というのは気になるものです。「今までの誰よりも親身になって聴いてくれた」そんな経験が、後にずっと続く関係性に大きな影響を与えることも珍しくありません。「うん、うん、うん、うん」と単調なあいづちばかり続けていると、「もしかして、聞き流されているのでは」と話し手を不安にさせます。また、話を聴いて「いいね！」と褒めるのはいいことですが、何を聞いても「いいね！」しか言わないと「適当に言っているのかな」と思わせてしまうかもしれません。話を聴いているときは、**話の内容に合わせて表情豊かにリアクション**しましょう。

▼やってはいけない3〈質問したのに反応しない〉

これは私が体験したことがあるのですが、ある会合の席で「北村さんは、最近どんなセミナーをされましたか？」と聞かれたので答えたのですが、聴いていたのか聴いていなかったのか、無反応で、すぐに別の人と話に行ってしまわれました（笑）。いや、私の答えがつまらなかったたけかもしれませんが、モヤモヤしてしまいます。

質問をした以上は、その答えがどんなものであっても、**答えてくれたことへの感謝の気持ちを持ちつつ何らかの反応をすると**、相手は安心できます。相手との信頼関係を築くことが目的の会話であればなおさら、大切なことだと思います！

▼やってはいけない4〈急《せ》かす、問い詰める〉

そんなつもりはなくても、ちょっとした言い方で相手を急かしたり問い詰めたりしているような感じになってしまうことがあります。まず、相手の話にかぶるように質問をしたり、相手の話が終わっていないのに次の話題に行こうとしたりすると、急かされているような印象になります。

一呼吸おいてから次の言葉を発する、もしくは「そうなんだね」など**簡単な受け止めの言葉をはさんでからゆっくり次に行く**ようにすると効果的です。それから「それで結局どうなったの？」「で、結論は？」という言い方も、急がせているように感じられるので避けたほうがいいかもしれません。

また、質問を重ねることで尋問しているようになっていないかな、と不安になったら、質問の語尾を「～ですか？」という質問形式から「～なんだろうね？」「～なのかな？」のような一緒に考えるニュアンスに変えると、問い詰められている感をやわらげられます。

◆まとめ◆
《聴く時にやってはいけないコト》
・×集中していない態度をとる→○聴いているときは他のことをしない（メモはOK）
・×同じ反応ばかりする→○話の内容に合ったリアクションをする
・×質問したのに答えに反応しない→○答えの内容に合ったリアクションをする
・×急かす、問い詰める→○ゆっくり受け止める、一緒に考える

8．プロインタビュアーの経験談から　話の引き出し方ケーススタディ ～話したがらない人編～

聴き方をテーマとした「レッスン2」、残り3項は、インタビュアーとして活動を重ねてきた私の経験談から、いろいろな特徴のある人からの話の引き出し方を紹介します。

インタビューを引き受けてくださったものの、あまり話したがらない方ってたまにいらっしゃいます。私は、約束の日時に指定された場所に行ったら、インタビュー相手の方が「自分の話はいいから、アンタが適当に書いてくれよ〜」なんて言われたこともあります。そんな人にも話してもらうにはどうしたらいいのか……と悩んだ時期もありました。

しかし、あるとき気づいたのです。話したがっていない人に話させようとしたところで、逆効果だなと。だって、無理強いされるのは誰でもイヤですよね。私はイヤです。

そこで私は、なぜその人が話したくないのかを考え、その原因を取り除く方向性へとシフトチェンジしました。そうすると相手が快く話してくれることがどんどん増えたのです。その方法を、原因別にお伝えします。

【話してもらうきっかけづくり1・警戒している人へ→目的を話す、約束をする】

インタビューのお願いをするときは、事前に趣旨や質問項目、こちらの身元や記事の掲載先などを書いたものをお送りしてご依頼するものです。それでも、やはり当日になっても警戒心がなかなか解けない方っていらっしゃいます。自分が話したことが記事になるという経験が初めてだったり、ひょっとして過去にインタビューされて苦い思いをしたことがあったりすると、なおさらだと思います。

そんな人には、改めて**なぜこのインタビューをするのか、どんな人に記事を届けたいのか、丁寧に説明します**。そして「記事ができましたら、公開前に必ず確認をしていただきます」ということも、当たり前ですが、ちゃんと約束をします。多少回り道でも、何度でも細やかに。こうした積み重ねが、少しずつ相手の警戒心を解いていくのです。

【話してもらうきっかけづくり2・緊張している人へ→雑談から入る】

私が仕事でインタビューをするとき、その相手とは初対面であることが多いです。それでいきなり根掘り葉掘り質問されて答えるなんて、冷静に考えるとちょっと不思議ですよね（笑）。また、取材に協力的であればあるほど「きちんと答えなくちゃ」と考えてくださって、緊張される方も中にはいらっしゃいます。特に、企業の新卒社員さんや学生さんにお話を聴くとき。こちらは年長者の威圧感が出ないように気をつけるのですが（笑）、どうしても緊張させてしまっているなと思うときは、**本題に入る前に雑談**をするようにしています。

雑談の定番として「木戸に立ちかけし衣食住」という教えがあります。「気象」「道楽（趣味）」「ニュース」「旅」「知人」「家庭」「健康」「仕事」「衣」「食」「住」の頭文字をとったものです。それよりもライトな話題のほうが話しやすければ「相手に関するもので、今日に入ったもの」

の話題を振るのがおすすめです。例えば相手の会社を訪問した場合は「エントランスのお花がキレイでしたね」とか「そのボールペン、かっこいいですね。どこのメーカーですか?」「いただいた名刺、おしゃれですね」など。「目に入ったもの」であれば話題として不自然ではないし「相手に関すること」であれば相手も答えやすいので、雑談が続けやすくなります。

といっても、本題はインタビューなので雑談はある程度のところで切り上げなければならないのですが、それでいいのです。「あ、もうちょっと話したかったのに」と思わせるくらいのほうが、インタビューも盛り上がります。

【話してもらうきっかけづくり3・心の壁がある→自分のことを話す】

警戒心や緊張がとけても、心の壁がそう簡単には取り払われない場合があります。質問の内容によっては、話すのが恥ずかしいと思われることもあるでしょう。そんなとき、私は**自分のことをちょっと話しつつ相手に投げかけてみる**ようにしています。

例えば「私は新入社員時代にこんな失敗をしたのですが、○○さんはそういう昔のほろ苦い思い出などありますか?」というように、こちらが恥ずかしい失敗談を先に話してしまうと、相手が安心して話しやすくなるのです。

◆まとめ◆
《話したがらない人に話してもらうきっかけをつくる方法》
・警戒している→目的を話す、約束をする
・緊張している→雑談から入る、相手の興味ありそうなことを聞く
・心の壁がある→自分のことを話す

9．プロインタビュアーの経験談から　話の引き出し方ケーススタディ　～脱線が多い人編～

インタビューでなかなか話していただけないのは悩ましいですが、脱線が多いのも困っちゃいます。テーマに沿った範囲で話が思わぬ方向に広がるぶんには、おもしろい記事を作る材料になるのでありがたいのですが、あまりにも関係ない話や記事に書けそうもない話ばかりで時間が過ぎてしまうと、ちょっとハラハラします。

これを読んでくださっている皆さんのケースに置き換えると、後輩の面談や指導などをしているときに、多少の雑談はコミュニケーションの範疇《はんちゅう》ということでＯＫだとしても、本題を話

せないほど長くなってしまうとピンチ！　今回は、そんな場合の対処法を紹介します。

【脱線が多い会話の対処法1・適度に話を聞き、あいづちで隙を探る】

脱線話が長くなると気持ちが焦って早く本題に入りたくなってしまいますが、それをちょっと抑えてある程度まで話を聞いてみましょう。途中で流れを切って不完全燃焼にさせるよりも、キリの良いところまで続けてもらったほうが相手は**「聴いてもらえた」と満足して案外すんなり本題に入れたりします。**

ここでポイントとなるのは、**いつもよりも積極的にあいづちを入れること。**あいづちが豊かだと、話し手としては気持ちが満たされ、早めに本題に入れる可能性が高くなるからです。それともう一つ、あいづちが多めのほうが「そうなんですね！　ところで〜」「そうでしたか、いやいやそれでですね〜」というふうに、会話の主導権を取り戻すチャンスも増えるということです。

【脱線が多い会話の対処法2・時間を味方につける】

いくら話の内容がまったく無関係であっても「関係ない話はやめて本題に入りましょう」と

ハッキリ言うのは躊躇《ちゅうちょ》してしまいますよね。ここで有効なのは、時間のせいにすること。「そうですか～あっ、もうこんな時間！」「いや～もっと聞きたいんですが、時間が……」のように**「時間がないから仕方がない」というニュアンスにもっていく**のです。

もし、話す前から「この人は脱線しがち」とわかっている場合は、最初に「○時までに終えなきゃいけないんですよ」とタイムリミットを共有しておくといいかもしれません。

【脱線が多い会話の対処法3・TO《トゥ》　DO《ドゥ》を率直に伝える】

話が脱線することに何か明確な意思や目的があるわけではなく、なんとなく、つい、違う話をしてしまっているだけだったりすることが多いです。なので、**今この場でやるべきことをシンプルに率直に伝える**だけで、すんなり本題に戻れることもあります。

例えば私がインタビューするときは、質問リストを見せて「これから1時間で、これだけの質問にお答えいただきたいと思います」というふうに説明したりします。「あと○つ議題があるので、クリアしていいですか？」「あと○つです、終わらせちゃいましょう！」という感じでざっくばらんに協力をお願いしてもいいかもしれません。いずれにしても、やるべきことが明確になれば、意外と協力してくれるものです。（※TO　DO＝するべきこと）

◆まとめ◆

《脱線が多い会話の対処法》

・適度に話を聞く、あいづちで隙《すき》を探る

・時間を味方につける

・TO　DOを率直に伝える

10. プロインタビュアーの経験談から　話の引き出し方ケーススタディ
～気難しい人編～

インタビュアー北村の経験談シリーズ、最後は気難しい人編。なぜか北村、インタビューを依頼される際「相手の方はちょっと気難しいんですが……」と言われることがあるんです。でも、ほぼ100％、実際にお会いしてインタビューすると「どこが気難しいの?」と感じるくらい普通にスムーズに何事もなく終えられます。それは私が特殊能力を持っているから!ではなく（笑）、ほんのちょっとの聴く姿勢の工夫で誰でもできること。そのポイントをお伝えします。

【気難しい人に話してもらう方法1・事前情報を鵜呑みにしない】

「相手の方はちょっと気難しいんですが」という理由って、たいてい前回取材したときやアポイントで連絡したときに「気難しそうに感じた」というくらいです。そんな限られた接点で、本当にその人が気難しい人物なのかどうか、わかるわけがありませんよね。なので、せいぜい「気難しい一面もあるかもしれない人」「気分が顔に出やすい人」くらいに捉えておくのが吉。**普通のインタビュー相手と同じように、構えず行きます。**

【気難しい人に話してもらう方法2・「教えてください」のスタンスで行く】

とはいえ、そんな事前情報を聞いたら、やっぱりちょっと緊張してしまいますよね。北村は以前、初めての企業に取材に行く直前に「先方は気難しい方で、前回の取材ではAさん（大先輩のベテランライター）が怒られてたよ」と聞かされたことがあります。いや、Aさんで怒られるなら私はいったいどうなるの？（笑↑いや笑えない）

こんなとき私は、とにかくいつも以上に、相手に対して「私は何も知らないので、教えてください！」というスタンスでインタビューに臨むようにしています。気難しく見られる態度を取りがちな人って、相手よりもちょっと優位に立ちたい願望があったりします。いや、そういうタイプではなかったとしても、初対面で上から物を言われるよりも、**謙虚に接してもらえたほうが心を開きやすくなるはず**です。

インタビューの前にはある程度相手のことを調べておく（ネット上に公開されている情報はチェックしておく、著書などがあれば読んでおくなど）ので、知っている話も出てくるのですが、そこは「それ知っています！」「〇〇〇なんですよね？」などとアピールせずに、**「話を聴かせていただく」「教えていただく」スタンスで行く**ことが大事です。

【気難しい人に話してもらう方法3・おもしろがって話を聴く】

気難しく見られる人のもう一つの傾向として、他者に対して壁をつくりやすいというのがあります。本当に気難しいわけではなく、人見知りだったり、感情表現が苦手だったり、なかなか自分というものを相手に見せづらい。

そんな人がインタビューに応じてくれたら、私は**いつも以上におもしろがって、ちょっと大げさなくらい興味を示して聴く**ようにしています。「それは素敵なお話ですね！」「へえ～勉強になります！」など言葉で示したり、口を挟めなくても前のめりでウンウンとうなずいたり、真剣にメモを取ったりして、態度で伝えます。そういう人は日頃なかなか自分の話をおもしろがられたり、懐に飛び込んでこられることがあまりないので、内心喜んでもらえるはず。

でも、これって相手が誰であっても大事なこと。おもしろがることは、**話し手に対する最大のおもてなしであり、聴かせてもらっている立場としての最低限の礼儀**です。

◆まとめ◆
《気難しい人に話してもらう方法》
・事前情報を鵜呑みにしない
・「教えてください」というスタンスで聴きに行く
・おもしろがって、興味を示して聴く

【レッスン2・しめくくりメッセージ】

聴くことは話すこと、話すことは聴くこと

「レッスン2」では、伝え方を学ぶにあたってはずせない「聴き方」について考えてきました。本の中では、便宜上「伝える」と「聴く」を別々のもの、対になるものとして扱って解説してきました。しかし、本当はこの二つは同じものであり、私たちは常にこれを同時に行っているように私は感じるのです。

相手に向けて話をしているとき、相手の反応にしっかり耳を傾ける。少なくともその瞬間は、世界中の誰よりもその聴き手が発する「言葉」を聴いています。また、誰かが自分に対して話をしているとき、自分のリアクションを絶えず相手に伝えていて、話し手のモチベーションに大きく影響を与えている。話すときには聴くことを意識し、聴くときには話してもいるということを、私たちは自覚したほうがいいんだなあと、この文章を書いていて改めて思うのです。

私が出会った「聴き上手」と言われる人は、だいたいみんな話すのも上手。会話していて楽しい。そして、さらによく観察していると、案外聴いてばかりでもなく、自分の話もしていたりします。それでも「たくさん聴いてくれたなあ」「この人、聴き上手だなあ」という印象を与えている。聴くのが上手いのと話すのが上手いのは根底でつながっているし、逆もまた然《しか》り。

会話していてなんとなく退屈な人って、自分が話しているだけで相手の反応はぜんぜん見ていなかったり、相手が話しても興味を持って聴いていなかったりします。

聴くことは話すこと、話すことは聴くこと。もしもこのどちらかが苦手だと思っている方がいたら、きっと大丈夫です。片方が得意なら、もう片方も得意になれるポテンシャルは十分に持っている（あるいは実はすでに得意な）はずだから。引き続きこの本で、そのポテンシャルを発掘していただけたらうれしいです。

《レッスン3》後輩も自分も成長できる！指導・注意するときの伝え方

【レッスン3・はじまりのメッセージ】

指導する立場としてこれだけは持っておきたいココロガマエ

後輩ができて、しばらく経った頃。仲良くなってきたし、後輩も仕事に慣れてきて、一緒に働くのが楽しくなってきた。そんな時期においてよく聞く先輩の悩みに「どうやって指導したらいいかわからない」というものがあります。ただ話すだけなら簡単なのに、指導となるとどうして急に難しく感じるのでしょう。それは、指導には「相手に行動を変えてもらう」という目的があるから。自分が行動するよりも、相手に行動してもらうってずっと難しいですよね。でも、心構えとやり方を間違えなければ、意外とうまくいくものなんです。

「はじめに」でも書きましたが、私は昔、初めて部下を持ったとき、とんでもなくイヤな指導を（もはや指導とは呼べない）していました。「成果を出さなければ」「上司として認められなくては」と、今思えば、自分のことしか考えていなかったんですよね。こんな人の言うこと、誰も聞きたいとは思わないでしょう。

そんな私が今、指導をする立場として一番大切にしている心構えは「互いの幸せを願う」ということ。昔のように自分のことだけ考えるのではなく、かといって相手のために自分を犠牲にするのでもなく「この指導は、相手も自分も幸せになれるものかな？」と考えるのです。この指導を行うことにより、後輩に知識が増えたり、行動が良いほうに変わったり、目標を達成できたり。自分もまた、そんな後輩を見てうれしい気持ちになったり、教え方を習得できたり、経験値が増えたりして成長できる。それが理想の指導だと、私は思うのです。

もちろん、たった一回の指導で得られる「幸せ」は、小さなものかもしれません。でも日々それを集めていくことによって、一年後、二年後……には、互いが大きく成長しているという大きな幸せが手に入る。何年も経って別々の場所で活躍するようになったとしても、その経験と思い出は大きな財産としてずっと残ります。

少々壮大な話になってしまいましたが、でもそれくらい「互いの幸せを願い、それをめざして行う指導」は大事なことなんです。そのやり方を、「レッスン3」ではお伝えしていきます！

1．誰でも覚えられる！　仕事の手順を教える4ステップ

新入社員に「どんな先輩が好きですか」と尋ねると、上位に入る項目の一つが「仕事をわかりやすく教えてくれる先輩」。仕事をスムーズに覚えられるかどうかは、新入社員にとって重要なポイントですよね。先輩である私たちは、どんなふうに後輩へ仕事の手順を教えたらよいのでしょうか。

物事を説明するには、その「順序」が重要です。4コマ漫画は起承転結の順で並んでいるからこそおもしろさが理解できるもの。どんなに絵がきれいに書かれてあっても、コマの順序がシャッフルされていたら、何がおもしろいのかわからないですよね。というわけでここでは、後輩に仕事を教える手順を4つのステップで解説します。

▼ステップ1・説明する

まずはこれから取り組む業務について、あなたから後輩へ説明しましょう。その際に大事なことは次のとおりです。

①　目的・ゴールから伝える

最初から作業内容そのものを説明するのではなく、**その作業を行う目的と、どこまでやったら終わりなのかというゴール**を最初に伝えましょう。目的地がわからない道のりはやたらと長く感じますが、ゴールまであとどれくらいの距離なのかわかっていると、安心して進んでいけるものです。また、目的を理解することで主体的に取り組めるようになります。慣れてきたら、目的だけを伝えて手順は自分で考えてもらうという応用も利かせられます。

②　大枠から詳細へ、作業順に伝える

いきなり細かい注意事項を伝えたり、最後のほうにやる作業を最初に説明したりすると、理解できないどころか混乱してしまうかもしれません。伝える順番は、**実際にやってもらう順番**で。**はじめに大まかに説明して、後で細かな注意点を付け加える**と頭に入りやすいです。

③　メモを取るのを待つ

あなたが教えているとき、後輩はメモを取っているはずです。話が一区切りしたら**書き終わるまで待ちましょう**。覚えてもらいやすくなるだけでなく、後輩の安心感にもつながります。

もしメモを取っていない後輩がいたとしたら**「メモを取る？　書くまで待ちますよ」**と促すの

がおすすめです。

④ 理解度・反応を見ながら進める

説明を進めながら後輩の表情を見て、もしわかっていなさそうな顔をしていたら**「ごめん、今のわかりにくかったね」**と投げかけましょう。わからないまま進めたところで次の説明も頭に入りませんし、どんどんわからなさが加速してしまいます。

そう、急がば回れです！　一区切りしたところで**後輩のほうから今習ったことを説明してもらうことも**、理解度確認と知識定着に有効です。

⑤ 相手の知識や経験と結びつける

人間は年齢を重ねるほど、**自身の知識や経験と関連づけたほうが新しいことを覚えやすくなります**。私はコールセンターで新入社員に教えていたとき、それぞれの前職に結びつけて「電話応対のこの場面は、アパレルの接客で言うとこのタイミングです」「対面営業と電話応対に共通しているのはこの部分です」のように説明すると、すんなり理解してもらえていました。

相手の趣味や好きなものを知っていたら、それと関連づけるのもオススメ！

▼ステップ2・やってみせる

一通り説明したら、あなたがやっているところを見てもらいましょう。聞いた知識と実際の作業がリンクして、**後輩が自分で行うときのイメージが明確に**なります。すべての行程をやってみせる時間がなければ、重要なところだけ、かいつまんでもOKです。

▼ステップ3・見守りながらやってもらう

後輩自身にやってもらい、あなたは見守ります。「監視」と思われないように、**笑顔で見守ること**、うまくできていたら「いいね、その調子！」などと**肯定の声がけ**をするのがポイントです。

▼ステップ4・一人でやってもらう

最後は、あなたの見ていないところで、一人でやってもらいます。**「私はあっちで別の作業をしているけど、わからなくなったらいつでも声をかけてね。終わったら報告してね」**と伝えてから始めてもらいましょう。

時間がかかる作業であれば、途中で一回くらいさりげなく見に行くのもいいと思います。最後までできたら、思いきり褒めて感謝を伝えましょう！

2．フィードバックは〝始める前〟が大事！　必ずすべきこととは

何事も準備が大事、とよく言われます。特に、失敗すると取り返しがつかないことや修復に時間のかかることほど、準備の重要性が高まります。後輩や部下への注意や指導もその一つ。ただ話をするのなら行き当たりばったりでもさほど問題はありませんが、注意や指導はやり方を間違えてしまうと相手の心を傷つける結果になったり、信頼関係にひびが入ったりすることも考えられます。そうした事態を防ぎ、注意や指導の効果を最大化するために事前に準備していただきたいことを解説します。

【注意や指導をする前の準備1・リサーチを抜かりなく】

「後輩のAさんがルール違反のことをしているらしい」と誰かから聞いたとします。「それは大変！　すぐ注意しなくては」と思うかもしれませんが、ちょっと待って。本人と話す前に、**できる限りその出来事に関わる情報を集めておきましょう。**そうしなければ事実関係が曖昧になり、注意や指導も抽象的なもので終わってしまうからです。

ここで注意したいのは、情報収集をしたからと言って**後輩本人に確認していないことまで決めつけないこと**。情報は参考にしつついったん横に置き、フラットな状態で後輩の話を聴くことが大事です。

【注意や指導をする前の準備2・一対一で話せる場を用意する】

褒めるときは皆の前でもいいのですが（むしろ効果的です）、注意や指導は**必ず誰にも見られない、聞かれない場所で一対一で行いましょう**。もしも人前で行ってしまうと、皆の前で言われたという「恥ずかしさ」「屈辱感」、そしてあなたに対する「不信感」「嫌悪感」が生まれるからです。そうなると、注意や指導を聞き入れるどころではなくなりますよね。注意や指導は、あくまでも後輩の行動を改善するため、もっといい仕事をするためです。後輩に不要な不快感を与えることは、本来の目的からわざわざ遠ざかる行為なのです。

【注意や指導をする前の準備3・落ち着いて話せる時間に設定する】

注意や指導にはもちろんスピード感も大事なのですが、後輩もしくはあなた自身が忙しい時間帯に行ってしまうと、どちらかが（どちらも）上の空になってしまい効果が半減する恐れがあります。自分の予定を踏まえて、例えば「今日の午後で、1時間くらい話せるタイミングはありますか？」のように聞いてみましょう。このとき、30分で終わりそうと予想しても「1時間」と言うのがポイントです。早く終わらなきゃと思うとどうしても話を端折《はしょ》ったり早口になったり、指導や注意が雑に感じられてしまう可能性があります。また、大事な話であればあるほど、後輩にもゆっくり理解を促したいものです。面談の時間を、**できるだけゆっくり話せるタイミングに、長めに時間をとって設定**しましょう。

【注意や指導をする前の準備4・必要に応じてフォローの根回しも】

もしも相手の進退に関わることだったり、厳しく注意をしなくてはならないなど、重い指導を控えているときは、事前に他の先輩社員や上司などに相談し、**後でさりげなくフォローを入れてもらうよう頼んでおく**ことも大事です。

このときに注意したいのは、事前に共有するのはあくまでもフォローをお願いしたい一人～数人にとどめておきましょう。また、フォローがあからさまになると根回ししたことを悟られてしまうので、あくまでもさりげなくしてもらうこと。いつもより柔らかい態度で接するくらいで十分です。このちょっと救われるポイントがあるだけで、重いフィードバックでも必要以上に落ち込んだりすることなく、前向きに改善に取り組んでもらえる糧となるでしょう。

◆まとめ◆

《注意や指導をする前の準備》

・事前に抜かりなくリサーチする
・一対一で話せる場を用意する
・落ち着いて話せる時間に面談を設定する
・必要に応じてフォローの根回しもしておく

3. フィードバックで後輩の行動を変える話の組み立て方・言葉のチョイス

準備ができたら、実際にフィードバックをしてみましょう。相手に理解を促し、自ら行動を変える意欲を起こしてもらうには、話の組み立てと言葉のチョイスが重要です。

【相手に理解を促すフィードバックの組み立て】

1　事実の確認

まずは今起こっていることについて相手と自分が共通の認識を持つため、事実の確認をしましょう。このとき、例えば「総務に書類を提出していないんだって!?」ではなく「先週総務に提出予定だった書類ですが、○○さんからの提出がまだ確認できていないと総務から連絡がありました」というように、**主観を入れずに淡々と事実をもれなく述べる**と冷静に聞き入れてもらいやすくなります。

2　相手の状況・考えを聞く

事実を共有できたら、それについて後輩自身がどう思っているのか、どのような状況でその事実が起きたのかを尋ねます。といっても「なんで提出しなかったのですか?」と聞くと責められているように感じられるので、「先週はどんな状況だったのですか?」「提出するのが難しかったですか?」と、**相手の心情や状況に寄り添うスタンスで尋ねましょう**。そうすることで相手は安心でき、ごまかしや言い訳をせずに状況を説明することができます。そして、素直にフィードバックを聞き入れる態勢になれるのです。

3　後輩にしてほしいこと・自分が後輩にできることをセットで伝える

1で確認した事実が起こった理由を2で知ることができたら、次から同じことが起こらないよう相手がやるべきことを伝え、約束してもらいます。このとき、**次から守ってほしい約束事と、そのためにこちらが相手に協力することをセットで伝える**のがポイントです。

例えば「他の業務が忙しかったために書類の提出が遅れた」ということであれば「他の業務が忙しいときは私が手伝いますから、次から書類の提出期日は守ってくださいね」というように話しましょう。こうすることで一方的に指図されている感を払拭《ふっしょく》できますし、次から言い訳することもできなくなります。無理強いせず、なおかつ約束を必ず守ってもらえる、有効な伝え方なのです。

【フィードバックで相手の行動を変える言葉のチョイス】

話の組み立てがしっかりできていても、言葉のチョイスを誤ると相手のやる気を削いでしまう場合があります。ポイントは、**否定的な言葉をできるだけ前向きな言葉に置き換える**こと。例えば「書類を期日までに提出しないと、総務が困るよね」よりは、「書類を期日までに提出すれば、総務も助かるよね」のようなかたちです。

「～～しないと、～～できない」よりは**「～～すれば、～～できる」**のほうがポジティブに受け取りやすく、結果として人の行動を促せるのです。

もう一つ、フィードバックの際に気をつけたいのは「主語を曖昧にしない」ことです。「あなたが改善してくれないと、みんなが迷惑するよ」「みんなが言っていたよ」と言われても「みんなって誰？」「本当に全員が言っていたの？」と疑問がわき、不信感につながるからです。「それは私が困ります」「○○さんがそう言っていました」と明確な主語を述べることで責任や意志の所在がはっきりします。

◆まとめ◆

《フィードバックで後輩の行動を変える話の組み立て方・言葉のチョイス》

・事実を共有する→状況・考えを聞く→してほしいこと・できることを伝える
・前向きな言葉で伝える
・主語を明確にする

4．ミスやトラブルを起こした後輩に反省と改善を促す対話の仕方

無いに越したことはないけれど、仕事をしている以上は避けられないのがミスやトラブル。もし後輩がミスやトラブルを起こしてしまったとき、解決や再発防止に一緒に取り組むのも、先輩の役割です。良くない行為をした以上は、そのことの重大さや影響をきちんと理解してもらう必要があります。しかし、過度に落ち込ませてもいけません。

大切なのは適切に反省をし、改善に向けて行動を変えること。もちろん、一時的にしょんぼりするのはしかたないことですが（もうこんな思いはしたくない！　というモチベーションにはなります）、少しでも早く前向きな気持ちになれたら、それが一番です。そのためのポイントを紹介します。

【前向きな反省と改善を促す対話のポイント１・フラットな姿勢とテンションで話す】

適度な緊張感はあっても良いですが、ミスを注意するからと意気込むあまり怖い顔をしたり深刻な空気をつくってしまったりするのは避けましょう。あまり相手を委縮させると、その場

を逃げたい気持ちにさせてしまい、本心からの反省を促しづらくなるからです。かといって、妙に明るい雰囲気にする必要はありません。あくまでもフラットな姿勢、平熱のテンションで、**何気ない世間話をするときのような感覚をイメージして話し始めてみましょう。**

【前向きな反省と改善を促す対話のポイント2・「ダメ」と言うなら人格ではなく行動に】

前項で「否定的な言葉はできるだけ使わない」とお伝えしましたが、場合によってははっきりと「ダメ」と言わなければならないこともあります。例えば、人の生命や健康に関わること、会社や本人にとって重大な損失につながるようなこと。そのとき、決して相手自身の人格そのものではなく、あくまでも相手の行動に対して言うようにしましょう。例えば「あなたは○○をしたからダメ」ではなく「今後○○をしてはダメ」というように。**「今後」「次からは」という未来を示す言葉から始めると人格否定することを避けやすい**です。

さらに「○○をしないとあなたがケガをする恐れがあるから、次はぜったいにしないとダメです」というように、**理由や行わない場合のリスクを伝えると**、より納得感を与えられます。また「ダメ」と言うときに語気が強くなると過度な威圧感を与える可能性があるので、**あくまでも淡々と。**「この言い方だとそっけないかな?」と感じるくらい落ち着いて言うのが、ちょうど良いです。

【反省と改善を促す対話のポイント3・最後に自分の気持ちを伝える】

ここまで淡々と話を進めてきたのは、感情論にならず自身が置かれている状況を冷静に理解してもらうため。ですが、人が行動を変えるのはやっぱり心が動いたときです。対話の最後に、**あなた自身の率直な気持ちを伝えましょう。**

「今日話したことをあなたが実行してくれたら、私もとてもうれしいな！」

「あなたはきっとできるって私は思っています！」と前向きに。

私は昔、何度も同じトラブルを繰り返して「あと一回同じことをしたら異動」とリーチがかかっていた部下に「あなたと一緒に働けなくなったら、私はさびしいよ」と伝えたことがあります。

人は「これをやらないと大変なことになる」という漠然とした危機感よりも「これをやればこの人は喜んでくれる」「これをやらないとこの人が悲しむ」といった、**目の前の一人のためという具体的かつ前向きな目的があるほうが頑張れるもの**です。

相手を思う気持ちはいくら伝えたっていいし、相手が喜びこそすれ、悪いことは一つもありません。それに、素直に気持ちを伝えてくれる人のことは、信頼したくなるものです。その場かぎりの注意ではなく、これから長く信頼関係を築いていきたい相手への態度としては、大切なことなのです。

◆まとめ◆

《前向きな反省と改善を促す対話のポイント》

・フラットな姿勢とテンションで話し始める
・「ダメ」と言うなら人格ではなく行動に対して
・最後に自分の気持ちを伝える

5. なかなか変わらない後輩を2時間で変えた魔法の面談
～クレーム頻発オペレーターを愛されオペレーターに変えた北村の経験談～

この項はちょっと志向を変えて、私の経験談をお話させてください。私がコールセンターでトレーナーをしていたときのことです。

――私がシフト休みだった日に、オペレーターのAさんがお客さまを怒らせて大きなクレームになったとセンター長から聞かされた。このAさん、天真爛漫《らんまん》で明るいキャラクターなのだけれど、気分の波の激しさが応対に出てしまうところが気になっていた。機嫌が悪いとキツイ口調になったり、ひどいときにはお客さまにわざと意地悪なことを言ったりするから、こちらはヒヤヒヤ。気分の良いときは丁寧な対応ができるので、技術ではなく本人の意識の問題。何度も「そんな応対はダメよ」と注意はしてきたのだが、幼いところのあるAさんは子どものように口答えばかり。どうしたものか……と考えていた矢先の出来事だった。

これまでの指導で改善できなかった、私の責任である。センター長へ事前に相談したうえで、私はAさんを別室に呼び出し一対一で面談することにした。もしこれでAさんの意識が変わらなければ、もう電話応対には戻さない覚悟である。

「これから私はあなたに重いフィードバックをしなくてはなりません。私も今日は覚悟して来たから、あなたにも覚悟をして聴いてほしい」。

そう告げて、私はクレームの内容と、改善できなければ電話応対業務には戻さないつもりである旨を説明した。

「え〜。だって、お客さんがイヤなこと言うから。私は悪くないもん」

といつもの減らず口。私はまずそれを否定せずに聴きつつ、Aさんに該当の応対の録音を聴いてもらうことにした。それでAさんが自分の非を認めてくれたら、それが一番いい。だから、録音を聴いた後に意地をはらずに自分の見解を覆《くつがえ》せるように、こう言っておいた。

「録音を聴くと、応対しているときには気づかなかったことがわかったり、見方が変わったりするものです。だから、さっきと違う意見が出てきても、おかしくないんだよ」。

聴き終わり、「どうだった？」と尋ねると、

「うーん、確かにわたしの言い方もアレだったけど、でもお客さんだって……」。

少しは認めたけれど、まだ言うか（笑）。そう思いながらも、Aさんの話が尽きるまでうんうんと聴いていく。すると、ぽつりぽつりと自分が悪かった点を言い始めたのだ。そして、

「なんか、まだ気づいていないところがあると思うので、今度は一緒に聴いてもらってもいいですか？」

初めてAさんが改善に対して積極的な姿勢を見せてくれた瞬間である（もともと2回目は一緒に聴くつもりだったのだが）。

二人で録音を聴き、途中で止めながら、

「今の言い方はどうだった？」

「ここの言葉は？」

「この部分でのお客さんの気持ちってどんなだったと思う？」

と、一つひとつのやりとりをじっくり掘り下げていく。自分の言葉や言い方をどう感じるか、お客さまの心情はどう変わっていったのか、自分は何をどう改善すべきなのか……すべてにお

いて私からは言わず、Aさん自身に考えてもらったのである。

聴き終わって、Aさんはこう言った。

「私、間違っていました。なんか、全然お客さんの立場になっていない。相手の気持ちよりも自分の気持ちを優先していました。勘違いしてた。私がお客さんだったら、こんな応対されるのはイヤです。今の私には、電話応対する資格なんてない」。

「そっか、そう思ったんだね。じゃあ、これからはどうしたらいいかな？」

「相手の気持ちになることです。自分が何をどう言ったら相手はどう感じるかって、考えること」。

「そうだね、よく気がついたね！　ではこの後、それを大切にして電話応対できる？」

「ちょっと気持ちを落ち着けてきていいですか？」

「いいよ、応対できる気持ちになったら戻ってきなさい」

Aさんは10分くらいで戻ってきて（早い 笑）、受電システムにログインした。約2時間ぶりにみんなの中に戻ってきたAさんは、いつもの元気なAさんだったが、応対はとても優しく、心のこもったものに変わっていた。

実はこのAさん、以前にも他の部署で同じようなトラブルを起こし、それもあって私の部署に異動してきたという経緯があった。この日を境にAさんは自分の応対を原因とするクレームやトラブルを起こすことはなくなった……と言いたいところだが、ちょっとあった（笑）。けれどやがてなくなり、ちゃんとお客さまや周りともうまくやって、順調に仕事を続けていたらしい（それから1年くらいで部署自体が解散となり、その後はわからないのだが）。

Aさんよりもむしろ、大切なことを忘れていたのは私かもしれない。きちんと人と向き合うこと、相手の言い分をまずは聴くこと、自分でじっくり考えてもらうこと、覚悟と誠意を持って接すること。これらは絶対に、手を抜いてはいけないな。そう気づかせてくれたAさんには、今でも感謝している。

6. 気まずくならない、嫌われない！ 指導した後のフォローの仕方

前項でお話したような重い指導をしたとき。また、そこまでではなくても、指導した後に「ちょっと厳しく言い過ぎたかな？」「想像以上に、後輩は気にしているかも」と感じるとき、あると思います。

これは私自身「指導された側」としても経験があるのですが、指導してくれた上司とのその

後の関係性には、指導中よりも後のフォローが大きく影響するものなんだなあ、と今振り返ると感じます。ここではそんな私の経験談も交えつつ、指導した後輩と気まずくならない、嫌われない、フォローのポイントを紹介します。

【指導した後のフォローの仕方1・いつもどおり接する】

どんなに相手のことを考えて、想いを込めて指導したとしても、された側としては心のどこかに「あんなミスをしたから先輩はあきれているかも」「もしかして嫌われた？」という不安が生まれることがあります。

そんなとき、先輩として必要なのは「あなたとの関係は、これまでとまったく変わりませんよ」という意志を、**言葉だけでなく態度で示すこと**。とにかくあくまでもいつもどおり接する。それを重ねることで、後輩の不安は少しずつでも確実に払拭されていきます。そして同時に「ミスをしたからといって嫌うような人ではないんだ」と、あなたへの信頼感も積み上げられていくのです。

【指導した後のフォローの仕方2・いつもより少し多く話しかける】

それでも後輩が安心してくれたかどうかちょっと不安、ということであれば、指導をした後

（当日～翌日くらいまで）は、**普段よりも少し多く話しかけるようにしてみましょう**。内容は何でもよいのですが、特に効果的なのは**「相手を頼るちょっとした相談や質問」**。例えば「来週の休みに映画に行くつもりなのだけど、おすすめある？」とか「課長に提出する文書、誤字がないか見てもらってもいいかな？」のようなライトなものでかまいません。些細なことでも、あなたの後輩への信頼が変わっていないことが伝わり、安心感へつながります。

【指導した後のフォローの仕方3・コソッとフォローの言葉をかける】

この本の冒頭「はじめに」に書いた、私の昔話の裏話です。私の対応がひどすぎて100人の部下がみんな離れていったとき。さすがにやってしまったな……と重い心を抱えて出勤した次の日のことです。デスクに着いてパソコンを立ち上げ、メールソフトを開いたら、上司からメールが来ていました。そこには2行だけ、こう書かれていたのです。

「あなたの言ったことは、間違っていません。

リーダーとは孤独なものです」。

これを見た瞬間、不思議にすーっと心が軽くなっていった感覚を、今でも覚えています。もちろん上司だって、私のやっていたことすべてを本当に「間違っていない」と思っていたわけではありません。むしろ間違いだらけの私を、一番ヒヤヒヤして見ていただろうと今ならわかります。なのに上司は、敢えて私の小さな「間違っていない部分」を見つけて、伝えてくれた。そのことで私は、意地を張らずに間違っている部分を直し、変わっていこうと意識を改めることができました。人は、悪いところばかり指摘されると「良いところだってある」と言い張りたい気持ちになる（前項のAさんもそうだったかも）。でも、**良いところを見ていてくれる人がいると、自分の悪いところを素直に見つめられるようになる**のだな、と思うのです。

そしてこの上司、メールでフォローしてくれたというのがまた、ありがたかった。もしも同じことをみんなの前で言っていたとしたら、私も上司も反感を買い、職場の雰囲気はさらに悪くなっていったでしょう。このやり取りがあったことは、上司と私しか知らない。それがよかったのです。褒めることはみんなの前でするのが効果的だけれど、こういう場合のフォローはコソッと。それ以来、私自身もそれを鉄則としています。

◆まとめ◆

《反省と改善を促す対話のポイント》

・基本はいつもどおり接する。

・いつもより少し多く話しかける。相手を頼るちょっとした相談や質問をする。

・コソッとフォローの言葉をかける。

7. 人間関係の揉め事が起きたときの解決方法

ここまでは主に一対一で後輩と接するケースを解説してきましたが、実際の職場では多くの人が関わり合って仕事をするもの。その中で、揉め事が起きることもあるでしょう。仕事のトラブルではなく、あくまでも個人的な人間関係で起きたことであれば、先輩として積極的に関与していく必要はありません。ですが、明らかに業務に支障をきたしていたり、後輩から相談を受けたりした場合、どうしたらよいのでしょうか。例えばこんなケース。

Aさん・Bさん・Cさん・Dさんという4人の後輩がいるとします。同期入社の4人はいつも和気あいあいとしており、特にAさんとBさん、CさんとDさんはそれぞれとても仲が良い様子でした。しかしあるときから、なんとなく4人の間にギクシャクした空気が漂っています。あるとき、あなたはAさんから相談を受けました。

「実は私、少し前からCさんに避けられているみたいで。申し送り事項を、私に伝えてくれていないときがあるみたいなんです」。

AさんとCさんはいつも一緒に作業をしているわけではありませんが、同じ案件を担当することがあり、しばしばCさんからAさんに申し送りすべき事項が発生します。もしそれを知らずにAさんが業務を進めると、顧客に迷惑がかかることにもなりかねません。これまでは同じ業務に関わっているBさんがフォローしてくれていたようで大事には至っていませんが、放置するわけにはいかない状況です。

先輩であるあなたは、Aさんに詳しい状況を尋ねていきます。避けられていると感じたのはいつからなのか、どういった事象から避けられていると感じたのか、もし本当に避けられているとしたら、何か心当たりはあるのか。

ここで大事なのは、**決して事実を断定しないこと**。「避けられている」というのはあくまでAさんの主観であり仮説にすぎません。Aさんの気持ちに寄り添うことは大事ですが、だからといって「Cさんひどいね」「Aさんは悪くないよ」などと**事実を決めつけたうえでの意見を述べないこと**です。さもなければあなたは公平性に欠ける人だと信頼を失ってしまうかもしれません。

Aさんにじっくり話を聞き、次のことがわかりました。

・避けられるような心当たりはない

・しかし、自分が休憩室に入ったら挨拶もせず出ていったり、業務連絡をしてくれなくなったりするのが増えた。
・このことを以前からBさんには相談していた。
・数日前からDさんもなんとなくよそよそしい態度になったと感じている。

あなたは「状況がよくわかったよ、話してくれてありがとう」と伝え、関係しているBさん・Cさん・Dさんにも話を聴くことにします。ここでも大事なのは、**決して事実を断定せず、途中で自分の意見を挟まない**こと。とにかく状況把握のためのヒアリングに徹します。

3人に話を聴くと、次のことがわかりました。
・少し前にCさんがちょっとしたミスをして、Aさんに迷惑をかけた。そのときのAさんの態度から嫌われたように感じ、話しかけづらくなった。業務上必要な申し送り事項も、伝えそびれたことが何度かあった。前と同じように話せるきっかけをつかみたいとは思っていた。
・Bさんは、Aさんが困っていると聴いてフォローしていた。Aさんがそう言っているので、Cさんは何らかの理由でAさんを避けているのだと思っていた。原因はわからないが、AさんがCさんに悪く思われるようなことはするはずがない。
・Dさんは、最近AさんとBさんがCさんにつらくあたっていると感じていた。Cさんが2人に何かするはずはない。

さらにもう一度Aさんに話を聴くと、Cさんのミスのことは全然気にしていなくて「別にいいよ」と軽く言っただけだったと。それをCさんは素っ気なく感じた、そういうことだろう。

こういうふうに**それぞれの話を個別に聴けば、なんてことないちょっとした誤解だったことがわかります。**話を聴く先輩の立場としては、一人の話を聴いただけで早合点しないこと、必ず全員に個別で話を聴くこと、事実を決めつけたり、決めつけた事実をもとに自分の意見を述べたりしないことが大事です。ちょっと時間と手間はかかりますが、これがいちばん、人間関係の揉め事を解決する近道なのです。

◆まとめ◆

《人間関係の揉め事が起きたときの解決方法》

- 全員に個別で話を聴く
- 一人の話だけで事実を決めつけない
- 思い込みで自分の意見を言わない

8. 受け身な後輩を変える！自分で考え、意見を言ってもらうための伝え方

誰でも入社したばかりのときは右も左もわからないので、具体的な指示を受けなければ動けないのは当然のことです。しかし、研修期間も終わり、業務に就いてしばらく経っても、最初と変わらない受け身な姿勢でいる。そんな後輩を目の前にしたとき、あなたはどうしたらよいのでしょうか。そろそろ自分の意見も言ってほしいんだけどなあ……と思っただけでは、後輩が変わってくれるわけでもありませんね。

そもそもなぜ、受け身な人は受け身な態度を取るのでしょうか。人によって違いはあると思いますが、たいていはこんな感じでしょう。

・受け身でいることが当たり前になっていて、特に問題視していないから。
・意見はあるけれど、伝え方がわからないから。
・自分の意見を伝えるメリットを特に感じないから。
・意見を言っても否定されるのではないかという不安。

最終的には本人が気づいて行動するのが一番ですが、せっかくあなたという先輩が側にいるのですから、さりげなくそのきっかけをつくるサポートをしてあげたいところですね。

【自分で考え、意見を言ってもらうための伝え方1・意見を言う場をつくる】

後輩が自分から意見を言わないのは、意見を言う場がないと思っているからかもしれません。「いやいや、その『場』から自分でつくらないと」と言う方もいるかもしれませんが、やったことがなければ意外とハードルが高いもの。

最初は**あなたのほうから尋ねて、意見を聴かせてもらう**ようにしてみましょう。すぐに言えなさそうな後輩には、例えば「このことについて明日の○時頃に尋ねるから、意見を聴かせてね」「○日にはこの紙に意見を書いて提出してほしい」のように、**考える猶予を用意すると**良いでしょう。定期的に意見を言う場を設けることで、考える習慣も身についていきます。

【自分で考え、意見を言ってもらうための伝え方2・「聴きたい気持ち」を伝える】

「自分の意見を言いなさい」「言わなきゃダメでしょ」という言い方をされては、言えるものも言いづらくなってしまうでしょう。過度に緊張したり委縮したりした状態では、良い意見も思い浮かばなくなってしまうからです。

ここで大切なのは、意見を言わせるための指示や命令をするのではなく、**意見を聴きたいという あなたの気持ちを伝えること**。「あなたの意見を聴かせてくれたら、うれしいな」「考えを言ってくれたら、私はとても助かる」のように。すると、後輩の中で今までなかった**意見を言うことの意味づけがなされて**、自分の考えを持とう、意見を言おうという気持ちになってくるのです。

【自分で考え、意見を言ってもらうための伝え方3・意見を大歓迎する】

意見を言っても否定されるのではないかという不安を持っている人に一番効くのは、言ってくれた意見をとにかく大歓迎することです。まずは「言ってくれてありがとう!」「それはいい考えだね!」といった**肯定の意志をその場で伝えます**。

そして、その意見が実際の業務に反映されたり役に立ったりすることがあればチャンス!「あなたの意見がこんなふうに役立ったよ!」「おかげでお客さまにも喜ばれた!」のように伝えます。このように、**自分で考えて意見を言うことの「成功体験」を積み上げてもらうこと**で、自然と自分の考えを持ち、意見を言いたくなるような状況に持っていくのです。

◆まとめ◆
《自分で考え、意見を言ってもらうための伝え方》
・意見を言う場を設ける
・意見を聴きたい気持ちを伝える
・意見を大歓迎する

9. 引き留める？　送り出す？「辞めたい」後輩への対応方法

会社勤めをしている人には、いつかは辞めるときが来ます。特に人材流動性が激しいと言われている今の時代においては、周りに転職や独立などで退職する人が出てくる機会が多いかもしれません。もし、一緒に働いている後輩から「会社を辞めようと思っているんです」と相談されたら、あなたはどうしますか？　私はコールセンター勤務時代、このことで随分悩みました。他にやりたいことができた、次が決まっているといった具体的かつ前向きな理由ならいいのですが、なんとなくしんどいから辞めたい、といったネガティブかつ抽象的な場合です。

企業の管理職としては、会社に貢献してくれている人材にはできるだけ残ってもらわなくてはならない。だからといって、無理に引き留めるべきなのか……辞めたいという部下と面談した後にはいつも「無理やり引き留めてしまったのでは」もしくは「私から退職を促してしまったのでは」とモヤモヤしたものです。あれからいろいろな経験をして、自分なりの答えのようなものが見つかりました。

【辞めたい後輩への対応方法1・「なぜ?」よりも「いつ頃から?」】

後輩から「辞めたい」と相談を受けたら、まず「なぜ?」と聞きたくなるでしょう。理由を知ること自体はとても重要なのですが、いきなり尋ねても簡単には答えられない場合もあります。特に退職したい理由が複雑だったり、自分でもまだきちんと言語化できていない段階だったりすると、なかなか本音を言えないものです。

そこでおすすめなのは**「いつ頃から辞めたい気持ちになっていたの?」**と投げかける方法です。これはもちろん、時期そのものを知るためではなく、**結論を急がせずにプロセスをじっくり聴き出すため**。時期を答えてくれたら、その頃にどんなことがあったのか、どんな気持ちになったのか、丁寧に掘り下げていきましょう。だんだん、辞めたくなった本当のきっかけや理由が見えてくるはずです。

【辞めたい後輩への対応方法2・辞めさせない、引き留めない】

理由がわかったところで、もしそれが解消可能なことであれば（例：今の業務がどうしても合わない→配置換えをする、など）良いのですが、そうではない場合はどうしたら良いのでしょう。

こういうときは、今の会話の目的を「引き留める」ことでも「辞めさせる」ことでもなく「**本音を引き出し、自分で決めてもらう**」というところに設定するのがポイントです。決して自分からは「もうちょっと頑張ろうよ」といった慰留の言葉も「じゃあ辞めるしかないよね」という退職を促す言葉も、どちらも発しないこと。大事なのは、辞めるか続けるか、どちらを選択したかではなく、**本人が自分の本音に基づいて心から納得のいく結論を出せること**なのです。

【辞めたい後輩への対応方法3・相手の幸せを願う】

私の昔の上司の、心に残っている言葉を紹介します。私が社員教育担当の見習いだった頃、上司が新入社員数名に電話応対の仕方を教えているのを見学させてもらっていました。電話応対の心得を話す場面で、上司はこんなことを言ったのです。

「皆さんがもし別のところで働くことになったとしても『さすがコールセンター経験者だね』と言われるようなスキルを身に着けてほしい」。

これは私にはなかなかの衝撃でした。だって私は、新入社員には「うちの会社で役に立ってもらうため」にスキルを身に着けてもらうことしか考えていなかったから。でも確かに、電話応対の技術って一度身に着けてしまえば一生もの。「この会社で仕事をするため」よりも「どんな仕事をするにしても一生役立てるため」と考えるほうがモチベーションも上がるし、何より相手の幸せを思うのって素敵なことだなと。そして、今まで自分が後輩に伝えていたことって、どちらかというと自分が責任を果たすためだったなと反省したのでした。

もちろん職務として責任をまっとうするのは大事なことですが、それを踏まえたうえで自分の利害よりも相手の幸せを願って伝える言葉こそが、何より人と向き合う責任をきちんと負った言葉だと思うのです。

◆まとめ◆
《辞めたい後輩への対応方法》
・「なぜ？」よりも「いつ頃から？」と尋ねてみる
・辞めさせない、しかし引き留めない
・相手の幸せを願う

10．どうする？　やる気がない後輩との接し方

意欲に満ち溢れた後輩に仕事を教えるのは、楽しいものです。一つ伝えるたびに「わかりました！」「なるほど！」と気持ちの良いレスポンスが返ってきて、どんどん質問もしてくれる。仕事がうまくいったら「先輩のおかげです！」なんて言ってくれたり。こんな後輩ばかりだったら、どれほど毎日の仕事が楽しいことでしょう。

でも実際には、そう都合の良いことばかりではありませんよね。話しかけても反応が薄かったり、笑顔がなかったり、積極性がなかったり、もしそんな後輩がいたら「やる気、ないんじゃ

ない？」と感じるかもしれません。仕事を教えても、これじゃあつまらない……。そんな状況を打破するためには、どうしたらいいのでしょうか。

【やる気がない後輩との接し方1・そもそも本当にやる気がないの？】

やる気がなさそうに見える後輩がいたら、**まず自分がそう感じる理由を挙げてみてください。**発言が少ないから？　覇気がないから？　自分から動かないから？　ミスが多いから？……そして、**それは本当にやる気がないからなのか**を考えてみるのです。すると案外「そうとは言い切れないな」という結論になることがあります。

例えば、他の後輩からはたくさん質問が挙がるのに、一人だけ質問をしてこない後輩がいたとします。やる気がないなあ、と決めつける前に、他の方法を試してみるのです。例えばこれまで口頭で受け付けていた質問を、紙に書いて提出してもいいルールに変えてみる。それで質問が挙がるようになったならば、やる気がなかったわけではなくて口頭での質問が苦手だっただけだな、とわかります。そんなふうに、原因をつぶしていくイメージでやってみてください。

【やる気がない後輩との接し方2・アウトプットベースで見る】

1をやってみても手ごたえがなく「本当にやる気がないのかも」と思えてしまうケースもあ

るでしょう。と、ここで考えたいのですが、やる気がないのはダメなことなのでしょうか。あるに越したことはないのですが、ひとまずは職場で求められる成果を出してくれれば、大きな問題はないはずです。

ということで、その後輩のやる気がなさそうに見える面からいったん視線をずらして、業務でアウトプットしていることにフォーカスしてみましょう。例えば、資料をわかりやすく仕上げている、作業をミスなくこなしている、感じ良く接客している、など。ついつい「この人はやる気がないから」というフィルターをかけて見えなくなっていた良いところが、どんどん見えてきたりします。

そうしたらできるだけ本人にも伝えてあげてくださいね。そのうえで、やる気があるように見えることも社会で生きていく中で武器となるテクニックですから、「あなたの接客はとても感じがいいね！　社内でもそんな感じで皆と接してくれたら最高だなあ」というふうに促してあげるとよいかもしれません。

【やる気がない後輩との接し方3・働くモチベーションを聞いてみる】

後輩とゆっくり話す機会があったら「あなたの働くモチベーションって何？」と聞いてみるのもひとつの方法です。以前、私はやる気がなさそうに見えていた部下に尋ねてみたことがあります。すると答えは「お金を貯めて、好きな旅行にたくさん行きたい！」とのことでした。聞くと、行ってみたいところやそこでやりたいことがいくつもあるようです。正直、もっと日々を漫然と送っているように見えていたので、なかなか意外でした。

でもそれを知ってからというもの、やる気がなさそうにしていても「次はどこに行きたいの？頑張って乗り切ろうね！」と言えるようになりました。**具体的なモチベーションの源泉がわかると、具体的な声掛けができるようになる**のですね。また、他の後輩に対しても「この人にはこの人のモチベーションがあるんだな」と想像することができ、「やる気がなさそう」という目で見ることが気がついたらなくなっていました。

◆まとめ◆

《やる気がない（ように見える）後輩との接し方》

- **そもそも本当にやる気がないのか疑ってみる**
- **アウトプットベースで見る**
- **働くモチベーションを聞いてみる**

【レッスン3・しめくくりのメッセージ】
後輩の成長は自分の成長、自分の成長は後輩の成長

「私、人に指導できるようなすごい人ではありませんから」。そう言って、指導する立場になるのを躊躇している人がいました。人に指導をするからには自分がまずしっかりしようというという心がけはとても素敵なのですが、完璧でなければ指導をしてはいけない、なんてことは決してありません。私自身もまだまだ修行中の身だと思っていますし、こういうことは一生続く勉強なのでしょう。

では、その勉強って、どうすればいいのでしょうか。研修を受けたり本を読んだり、もちろんこの本なんかもお役に立てればいいのですが、やっぱり一番成長の糧となるのは、現場で実践した経験。これに勝るものはありません。

まずは自分の中に、はじまりのメッセージでお伝えした、指導をする際の大切な心構え「互

いの幸せを願うこと」をインストールしましょう。それから、この「レッスン3」で解説したさまざまな指導の技術や方法を、頭の中の引き出しに入れておいてください。そして、実際に後輩を指導する機会があったら、必要に応じて引き出しから取り出し、使ってみるのです。そのとき、何より大切なのはやっぱり「互いの幸せを一番大切にする心」です。

やってみてうまくいっても、うまくいかなかったとしても、なぜそうなったのかを検証する。場合によってはリトライする。そうして後輩がほんの少しでも成長する過程で、あなた自身も大きな学びを得ています。そうしてあなた自身が成長すれば、後輩への指導の質もアップし、また後輩の成長に貢献できる。

だから、後輩の成長は自分の成長だし、自分の成長は後輩の成長なのです。一緒に仕事をしながら、互いの幸せを大切にし、成長し合える。そうすれば、職場での時間が、目の前の仕事をこなすだけでなく、個人の将来にもつながる、有意義なものとなるのです。

《レッスン４》

さらにレベルアップ！
伝え方のバリエーションいろいろ

【レッスン4・はじまりのメッセージ】言葉という「道具」を使いこなそう

「言葉って、大事ですよね」

そんなふうに言われるのを、よく聞きます。はたして、本当に言葉は大事なのでしょうか。それに対する私の答えは「うんうん、とっても大事です！」なのか、「いやいや、全然大事じゃないっすよ」なのか。実は、両方なんです。

物事を伝える手段として、言葉はとても便利です。うまく使えば意思疎通がスムーズになるし、人を喜ばせることもできる。使い方を間違えれば人を傷つけることもある。ですから、言葉の扱い方や存在そのものはとても大事です。

一方で、言葉というものは、物事の伝達手段に過ぎません。伝えたいことがあってはじめて必要になるものです。言葉での表現にこだわりすぎては、その本質が見えなくなることもあるかもしれません。そういう意味では、大事なのは言葉そのものではない、とも考えています。

そんなこんなを総合して、私は言葉をいろんな意味で「道具」だと思っています。例えば料理人にとっての包丁。フォトグラファーにとってのカメラ。目的はあくまでも「それを使って人の役に立つこと、人を幸せにすること」です。

それでいて、そのための道具を選ぶこと、メンテナンスすること、必要に応じてアップグレードすること、使いこなすための知識と技術を持っていることはとても重要です。

「レッスン３」までは職場のシチュエーション別に伝え方のあれこれを解説してきましたが、言葉という道具の使い道はまだまだたくさんあります！　知っていると得できる、楽になる、後輩のためにも自分のためにもなる。みんなが幸せになれる。そんな言葉という道具の使いこなし方を、「レッスン４」で紹介していきます。

1. 伝え方のノウハウ全部盛り！　電話応対のキホンを攻略しよう

電話応対、得意ですか？　そう聞かれて、胸を張って「YES！」という人はそんなにいないのではないでしょうか。かれこれ20年くらい電話応対に関する仕事をしてきた私でも、実はいまだにどこか苦手意識があるくらいです（内緒ですよ（笑））。しかしながら、社会に出て、少なくともオフィスワークとなると避けられない電話応対。

「電話は新人が取るもの」という文化もまだまだ多いと思います。どうせやらなきゃいけないなら、ちょっとでも気をラクにして取り組んでほしい。そして、電話応対の基本には伝え方のノウハウが凝縮されているので、一度身に着けてしまえば他でも応用が効くというおまけつきです。後輩に電話応対を教える機会に備える意味でも、ここで一通りおさえておきましょう！

【電話応対のキホン1・心の平穏は「準備」と「メモ」が握っている】

「電話応対って緊張します」と、多くの人が言います。そんな心に少しでも平穏をもたらすのは、事前の準備しかありません！　まず、**手に取りやすい位置にメモ用紙とペンを置いておく**

こと。そして、慣れるまでは**主要なセリフや説明の手順を紙に書いて貼っておくかメモ用紙と一緒に持ち歩きましょう**。例えば、「お電話ありがとうございます。◎◎（社名）の□□（名前）です」という第一声、商品の説明や会社への道順案内などよく受ける質問への回答などです。相手から何を言われるかはわからないけれど、想定できるものは一通り準備しておく。それだけでかなり気が楽になりますし、後輩にも真似してもらいやすいので便利です。

【電話応対のキホン2・電話応対の成功は「第一声」から始まっている】

第一声で相手が自分に好印象を持ってくれると、その後のコミュニケーションもスムーズにいきます。声のトーンは、自分の地の声（何も意識せず自然な状態で出る高さの声）よりも**ワントーン高いくらい**がちょうどいいです。慣れてくると、「お電話ありがとうございます。◎◎（社名）の□□（名前）です」を流れるように言ってしまいがちですが、それだと雑に感じさせてしまうことも。

丁寧な印象を与えるためには、早口にならないように**一音ずつハッキリ発音し、特に社名と名前をほんの少しゆっくり言うようにする**といいですよ。

【電話応対のキホン3・チャンスの数だけお礼を言う】

人は感謝されるとうれしいもの。そして相手に対して良い印象を抱くようになります。会話の中で少しでもお礼を言えるタイミングがあったら、そのたびに逃さず「ありがとうございます」と伝えましょう。例えば、

- 何かお願い事をして、ご了承いただけたとき
- 用件を伝えて、メモを取っていただけたとき
- 何かおたずねして、教えてくださったとき
- 保留にして待っていてくださったとき——など

一つひとつは小さくても、何度も積み重なることで好印象、そして信頼へとつながっていくのです。

【電話応対のキホン4・「保留」と「折り返し」をマスターすれば無敵】

職場の固定電話が鳴って取る場合、恐らくそのほとんどが自分以外の人宛にかかってきたものなのではないでしょうか。なので、社内にいる誰かに電話を変わるための「保留」のマナーと、社内にいない誰かにかかってきた電話に対して「本人からの折り返し連絡を案内する」マナーをマスターしておけば、ほぼ無敵です！　基本的な言い回しを頭に入れておきましょう。

か。

・保留にして本人に替わるときのセリフ

○○（名前）でございますね。ただいま替わりますので、少々お待ちいただけますでしょうか。

・折り返しを案内するときのセリフ

○○（名前）でございますね。あいにく席を外しておりまして（または「外出しておりまして○時頃には戻る予定です」）。戻りましたら、○○から折り返しご連絡させていただいてもよろしいでしょうか。

・恐れ入りますが、ご連絡先のお電話番号を教えていただけますでしょうか。

・（聴取、復唱確認）ありがとうございます。それでは○○からご連絡いたします。

応用的な言い回しはいくつもありますが、まずはこの1パターンをマスターしておけば安心です。また、この4つのキホンは電話だけでなく会社への来客など対面でも応用できます。ぜひいろいろな場面で活用してみてください。

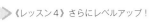

2. スムーズに決まる！ 電話アポイントの取り方

私が以前に地域メディアの記者をしていたとき。必ず発生する業務のひとつに「アポ取り」がありました。取材をしたいお店などに連絡（たいてい電話です）をして、メディアの概要と記事の目的を伝え、承諾いただけたら伺う日時を決めるという流れです。記者には学生もいて、電話でアポイントを取るのは初めて（そもそも仕事で電話をかけるのが初めて）という人もいたので、私がやり方をレクチャーしたりしていました。私も皆も、なにしろアポが取れないと記事が書けないので必死です（笑）。断られたくない。スムーズにアポを取りたい。できれば快諾してくれるとうれしい。そんな思いを叶えるアポ電話のかけ方、お伝えします！

【スムーズに決まる、電話アポイントの取り方1・依頼の主旨を簡潔に説明する】

電話をかけたら、**自分や会社のことを自己紹介したうえで、なぜ連絡したのかを簡潔かつ丁寧に説明**します。ここを端折ったり、しどろもどろになったりすると、不信感を持たれてアポにつながりません。なので、**しっかり準備してから臨むのが重要！** 自信がなければ、紙に書いたセリフを読んでも大丈夫。少しくらいたどたどしくても、内容と誠実さが伝われば問題ありません！

【スムーズに決まる、電話アポイントの取り方2・「なぜあなたなのか」をひとこと】

1の説明をするとき、どうしても誰にでも同じことを言っている定型文のようになってしまうことがあります。そうなると「ウチは別にいいかな〜」と安易に断られてしまう可能性も。そこで**「なぜ（他の人ではなく）あなたにお願いしたいのか」**をほんのひとことでいいので付け加えると効果的です。

【スムーズに決まる、電話アポイントの取り方3・日時はこちらから提案する】

日時を決めるときは「いつがよろしいですか？」よりも**「○日の午後はいかがですか？」のようにこちらから日時を提案する**ことをおすすめします。理由は、人は答えを具体的に考えなければならない質問よりも、YESかNOで答えられる質問のほうが答えるのがラクだから。そして、日時を提案するよりも提案されて答えるほうがラクだからです。相手に「ラクなほう」をやってもらうことで少しでも心理的負担をかけないようにするという、ちょっとした気遣いなのです。

では、1～3を踏まえた会話例をみてみましょう（設定はすべて架空です）

自分：「お忙しいところ恐れ入ります。『パフェショップ パフェパフェ』様ですね。私は『月刊スイーツ』という雑誌の編集を担当している北村と申します（自己紹介）。今回、○○地域のおいしいパフェの特集記事に取材のご協力をいただきたくご連絡しました（依頼の主旨）」

相手：「そうですか」

自分：「はい。『パフェショップ パフェパフェ』様は地元の方々に愛されているお店ですし、『スーパーいちごチョコパフェ』という、ほかにはない特徴的なパフェがあるので、ぜひとも今回の特集に掲載したいと思っております！（なぜあなたなのかの説明）」

相手：「それはありがとうございます。いいですよ」

自分：「ありがとうございます！　では、さっそく取材にお伺いする日時ですが、○月○日の16時頃はいかがでしょうか（自分から日時を提案）」

相手：「あいにくその日はダメなんですよ」

自分：「そうですか……それでは□日の16時はいかがでしょうか」

相手：「それなら大丈夫です」

自分：「ありがとうございます！」この後、取材の具体的な説明へ……

◆まとめ◆
《スムーズに決まる、電話アポイントの取り方》
・依頼の主旨を簡潔に説明する
・「その人に」アポを取りたい理由や気持ちをひとこと付け加える
・日時はこちらから提案し、ＹＥＳかＮＯで答えられるようにする

3．もう怖くない！　クレーム応対のキホン

どんな種類のコールセンターでもクレームが起こる可能性ゼロということはないもので、私が管理職をしていたときは数えきれないほどオペレーターのクレーム電話を代わって対応してきました。と言うとクレーム応対がすごく得意そうに聞こえるかもしれないのですが、最初はめちゃくちゃ苦手でした。しかしやらざるを得ない状況でなんとかやっているうちに、いくつかのコツがつかめてきました。多少しどろもどろであっても、ポイントさえ押さえておけばだいたい丸く納まるのです！　苦手だった私でもできた、そのコツをお伝えします。

【クレーム応対のキホン1・まずは聴く！】

電話の向こうのお客さまに強い口調で詰め寄られると「早く何か言わなくちゃ」と気持ちが焦るものですが、**まずは話を聴くことに集中しましょう**。理由は二つ。

一つ目は相手がなぜお怒りなのか、なぜこのような事案が起こったのかという状況や背景を正確に把握するため。二つ目は、お客さまに「話を聴いてもらえた」という満足感を与えることで気持ちを落ち着かせてもらうためです。この「聴く」というプロセスを疎《おろそ》かにすると、状況を勘違いして的外れなお詫びをしてしまったり、間違った回答をしてしまったり、話を聴いてくれなかった！　とよりいっそう怒らせてしまう、といったことになりかねません。

クレームで話を聴くときは、**いつもよりもしっかりめにあいづちで反応する**ことを心がけましょう。相手が「しっかり聴いてもらえた」と感じれば感じるほど、満足感も高まるからです。「はい」「さようでございましたか……」などの**礼儀正しい言葉で、少しトーンを落とし、ゆっくり言う**と、重く受け止めていることが伝わりやすくなります。

【クレーム応対のキホン2・お詫びのしかた】

クレーム応対にはお詫びが大切ですが、言い方を間違えると納まるどころか余計に炎上してしまいかねません。ありがちな失敗パターンをご紹介します。

一つ目は、お詫びをしているのに「本当に悪いと思っていないでしょ⁉」「謝ればいいと思っているな⁉」と余計に怒られてしまうケース。相手が何か言うたびに、口癖のように「申し訳ございません」「申し訳ございません」と単調に繰り返すと、そうなるんですよね。

お詫びの言葉は、本当に言うべき場面で言うこと。繰り返し言うにしても、**単調にならないように声に表情をつけましょう**。また「○○のご案内でご不快な思いをさせてしまい、申し訳ございませんでした」のように、**お詫びに理由をつける**と説得力が出ます。

二つ目は、こちらに非がないのに認めてしまうケース。例えばお客さまが「うちの個人情報を漏洩しているよね⁉」と疑ってきた場合（もちろん実際にはそんなことはない）うっかり「申し訳ございません」と言うと、漏洩したと認めたことになります。そんなときは「そのようなご心配をおかけして、申し訳ございません」と言えば大丈夫。**事実は認めずに、気持ちのうえではお詫びを伝える**ことができます。

【クレーム応対のキホン3・確認して折り返す】

「早くこの場を納めたい」と思うあまり、何でも回答したり約束したりすると、後で痛い目に遭うことも……。お客さまから「○○についてはどうなの⁉」と詰められても、**「○○でございますね」といったん受け止めて**（自分を落ち着けるためにも）**「きちんと確認して、必ず折**

り返しご連絡いたします」と伝えるようにしましょう。電話を切ったらすぐ上司などに確認です！

【クレーム応対のキホン4・最後はお礼で締める】

いくらクレームであっても、通話の最後はお詫びよりはお礼で締めたほうが、お互いに前向きな気持ちになれます。「貴重なお声を聴かせてくださってありがとうございました」「ご指摘くださって本当にありがとうございます」のように、相手がしてくれたことに対して率直に丁寧にお礼を伝えれば、相手も少しは気持ちよく電話を切ってくれるものです。

◆まとめ◆

《クレーム応対のキホン》

・まずは相手の話を聴く。反論せず、肯定しすぎず、受け止める。
・意味のないお詫びを繰り返さない。
・お詫びは相手の「気持ち」に対してする。不確定な事実を認めない。
・その場しのぎの回答、勝手な判断はしない。確認して連絡することを約束する。
・最後はお詫びよりも「お礼」で締める。

4．受け入れられやすい！　意見の言い方

入社してから月日が経ち、経験を積み重ねていくと、指示を受けるばかりでなく自分の意見を言う場面が出てくるでしょう。ちょうど、職場で初めて「先輩」の立場になったタイミングで、そういうことが増えてくるのかもしれませんね。あなた自身が意見を言うとき、または後輩に意見の言い方を教えるときのために、受け入れられやすい伝え方を紹介します。

【受け入れられやすい意見の言い方1・いったん肯定的に受け止める】

いきなり自分の意見を伝えるのではなく、**相手の言っていることだったり、現在の状況を受け止めることから始めましょう。**例えば「新商品の試作をしたのですが、どう思いますか？」と聞かれたら「もうできたんですね、すごい！」「新商品ですか、素敵ですね！」のように、**肯定的な言葉を返します。**自分のことや自分がしていることを肯定してくれた人の意見は、聴こうと思うものです。

【受け入れられやすい意見の言い方2・自分を主語にする】

自分の意見を伝えるときに「評価」「指摘」のような言い方になってしまうと、相手の気持ちは萎《な》えます。いくら言っていることが正しくても、いや、正しいからこそ、それを指摘されるとしょんぼりしてしまうのです。評価や指摘をしているように聞こえないためのポイントは「自分を主語にする」こと。「あなたが開発したこの商品、蓋が開けづらいですね」だと相手に対して評価や指摘になりますが「私は、蓋が開けづらいように感じました」と**「私」からスタートすると、あくまで一個人の意見として伝わる**ので、相手としては聞き入れやすくなります。

【受け入れられやすい意見の言い方3・感想として伝える】

評価や指摘のように感じさせないためのポイントは、もう一つあります。それは、語尾を「〜と思います」「〜と感じました」のようにして、意見というより**「感想」として伝える**こと。「この商品は色を変えるべきです」ではなく「この商品は色を変えたほうがいいかなと**私は思います**」。「この資料は文字が多すぎます」ではなく、「この資料は文字を減らしたほうが**よさそうだなと感じました**」。あくまでも「感想」ですから、絶対に聞き入れなくてはいけないという威圧感はありません。そのほうが不思議と、相手は聞き入れたい気持ちになるものです。

【受け入れられやすい意見の言い方4・時間をもらってもいい】

目上の人などから「これ、どう思う？」と意見を求められたら、この場で何かを言わなくちゃ、と思うかもしれません。しかし、すぐに意見が思い浮かばないとき、その場しのぎで適当な意見を言っても、相手には見抜かれるものです。そういう場合は素直に**「すぐ思い浮かばないので、少し考えてからお伝えしてもいいですか？」**と尋ねてください。

よほど急いでいない限りは「ありがとう、お願いね」ということになるでしょう。待たせてマイナスの印象を与えることは意外になくて、むしろ丁寧だと感じてもらえます。自分のために意見を考えてくれるのは、うれしいものですからね。また「この人はきちんと意見を考えてくれる人だ」と思われたら、また別の機会にも頼りにされるかもしれません。こういう小さなことにも、誰かの役に立てる、人を喜ばせられるチャンスは隠れているものです。

◆まとめ◆

《受け入れられやすい意見の言い方》

- **いったん肯定的に受け止める**
- **自分を主語にする**
- **指摘ではなく感想として言う**
- **すぐ思いつかなかったら、時間をもらってもいい**

5. 緊張しない！　人前での話し方

朝礼、プレゼン、研修など、働いていると何かと人前で話す機会があるものです。そんなとき、まったく緊張しないという人はほとんどいないのではないでしょうか。かくいう私もやっぱり緊張します。なので、自分なりに少しでも気持ちを落ち着けて話すための方法を試行錯誤してみました。今回はその中から、私が「これはいいぞ」と思う方法をいくつか挙げますので、自分に合ったものを見つけていただけたらうれしいです。そしてもし後輩から緊張しない方法を尋ねられたら、伝えてあげてくださいね。

【人前で話すとき、緊張しない方法1・話すことを準備する】

緊張しやすいという人に理由を尋ねると「失敗したらどうしよう、と思うから」という答えが返ってくることがあります。ならばできるだけ、**失敗する原因をつぶしてから本番に臨むのが吉！**

スピーチでも、あるいは電話応対でもそうなのですが、私は慣れていない人や緊張しやすい人には**「話すことを紙に書いて、丸暗記するくらい読み込みましょう」**と伝えています。そしてできれば、本番にもその原稿を持って臨みましょう。そうすれば、もしも緊張で頭が真っ白になったとしてもそれを読めばいいわけですから、話したいことを話せずに終わってしまった、という事態は避けられます。スピーチでも研修でも、目的はあくまでも「伝えること」。それができずに終わるという最悪の失敗だけはしなくて済む準備ができていれば、だいぶプレッシャーは緩和されるはずです。

【人前で話すとき、緊張しない方法2・「緊張しています」と言っちゃう】

本当はすごく緊張しているのに、それを悟られてはいけない、と気を張って余計に緊張してしまうことはよくあります。そこで、隠そうとするよりも**「今日は緊張しています」と最初に言ってしまう**のも一つの方法。そうすれば、少なくとも「緊張を隠さなくてはいけない」というプレッシャーからは解放されます。人前で話すときは誰でも多かれ少なかれ緊張するもの。なので、聴いている側も、緊張している姿を見てもそこまで気にならないものです。緊張するのは決して悪いことではありませんからね。一所懸命さが伝わって、むしろ好感につながるのではないかと思います。

【人前で話すとき、緊張しない方法3・ゆっくり話すようにしてみる】

緊張すると早口になりがち、という人は多いです（私もそうです）。しかし、人前で話すときは、むしろ普段よりもスピードを落として話すくらいでなければ、聴き手がついていけないこともあります。

なので、とにかくゆっくり話すように練習しましょう。できれば録音して自分で聴いてみると調整がしやすくなります。体感としては、**話しながら「遅すぎないかな」と不安になるくらいでちょうどいい**。また、速度のほかにも、**文と文の間に2〜3秒の「間（ま）」を開けることも大事です**。実際に人前で話すと、たった1秒の間でも怖くなるものですが、話を理解してもらうには欠かせない、必要なものなのです。

最後に、私が先輩から教わったことを紹介します。ある先輩からは「**緊張するのは、意識が自分に向いているから**」と言われました。確かに、緊張するときって自分がどう見られているかが気になっていたりしますものね。けれど、人前で話す目的は、あくまでも伝えることであり、それは聴き手のため。自分に向いている意識をぐるっと矢印の向きを変えるように聴き手へと向け直して「聴き手にはどう聞こえているかな」「聴き手にはちゃんと伝わっているかな」と考えることで、余計な緊張は解けていくように思いました。

もう一つ、別の先輩がかけてくれた言葉に「緊張する仕事は、成長できる仕事だよ」というものがあります。そうか、慣れていないことは緊張しちゃうけれど、裏を返せばそれってチャレンジできているってこと。最初の緊張を乗り越えれば、その先には成長が待っているんだよなあ。そう気づかされて、うれしくなったのです。

◆まとめ◆
《人前で話すとき、緊張しない方法》
・話すことを書いて準備する、読み込む
・「緊張しています」と言っちゃう
・ゆっくり話すようにしてみる（録音して聴きながら調整する）

6．朝礼を活用！　スピーチタイムでみんなの伝え方を伸ばすアイデア

朝礼のときに毎日一人、交代でスピーチをするということを行っている会社、けっこうある

と思います。もしあなたが朝礼のスピーチタイムの企画を任されたとしたら、どんなことをしますか？　せっかくですから、後輩や自分も含めてみんなの「伝え方」を伸ばす機会として活用できたらいいですね。

ここでは、朝礼の短い時間でできて、一日の始まりに前向きな気持ちになれて、しかも伝え方のトレーニングにもなる、いくつかのアイデアを紹介します。おもしろそうと思ったら、ぜひやってみてくださいね。

【みんなの伝え方を伸ばす朝礼アイデア1・ミニ研修】

日々忙しく業務に追われていると、なかなか全員で研修を受けるためのまとまった時間って取りにくいかもしれません。ならば、**全員が集まる貴重な時間である朝礼を、研修の時間として利用しちゃいましょう**。例えば毎日3分間で一つのテーマを教えるミニ研修をして、残りの2分でみんな一言ずつ感想を言ってもらう、など。

みんなが話を聴くだけでなく、アウトプットの時間もとったほうが知識が定着しますし、当事者感も生まれます。研修のテーマは業務上で必要な商品知識やビジネススキルなど、今自分たちに必要だと思うものを選びましょう。部署のメンバーにアンケートを取って決めてもいいですね。また、講師を全員が持ち回りで担当するようにすれば、みんなの伝え方の練習になります。1日3分でも、20日間で1時間！　続けることで、気づいたら大きくスキルアップしていることでしょう。

【みんなの伝え方を伸ばす朝礼アイデア2・サンキュータイム】

交代で毎日一人にスピーチをしてもらう、というのは普通なのですが、その**テーマを「誰かへの感謝」に固定する**というものです。感謝の相手は職場の同僚や上司、部下でもいいですし、お客様や取引先でも、家族や友人でも、誰でもOKです。そうすると、自分の番が回ってくるまでに何かネタを見つけようとしますから、日常生活の中で感謝の気持ちを意識する機会が増えます。そしてそれをみんなの前で発表することで、感謝の気持ちの伝え方が磨かれていくのです。また、毎日誰かの話を聴くことでみんなの中に感謝の伝え方のバリエーションが蓄積されていくので、みんながスキルアップできます！

【みんなの伝え方を伸ばす朝礼アイデア3・ポジティブフィードバック】

普通どおりに交代で毎日一人に自由なテーマでスピーチをしてもらうのですが、その後に**全員が一言ずつ、スピーチをした人に対してポジティブなフィードバックをする**というものです。

スピーチの中でおもしろかった点、素敵だなと感じたこと、スピーチとは関係なくてもその人の行いで最近いいなと思ったこと、何でもいいので一人一つ見つけて言ってもらうのです。

朝礼のスピーチ当番が回ってくるのはちょっと憂鬱だったりしますが（笑）、自分が褒められる回でもあると思ったら、ちょっと楽しみになりますよね。

自分では気づかなかった自分の良いところ、何気ない出来事の中のおもしろさに気づかされると、モチベーションも上がるもの。また、人の良いところを見つけて伝えるのを毎日続けることで、言語化のトレーニングになります。

【みんなの伝え方を伸ばす朝礼アイデア４・なんでもアイデア出し】

毎日交代で一人ずつ「業務や社会を良くするアイデア」を一つ発表するというもの。ルールは「実現可能かどうかにこだわらない」「どんなアイデアでも否定しない」と決めておきます。突拍子もないアイデアあっても「こういう条件なら可能なのでは」のように考える機会になりますし、絶対無理なことでも聴いていておもしろければＯＫ！　ウケ狙いも歓迎します。

もちろん簡単なことであれば、すぐに実行すると良いですよね。これを行うことで、自分の考えを受け入れてもらいやすく伝える方法、あるいは少しでもおもしろそうに伝える方法を工夫する練習になります。

アイデア探しの習慣づけにもなりますし、実際に業務改善もできる（かもしれない）というのもオトクなところです！

◆まとめ◆

《みんなの伝え方を伸ばす朝礼アイデア》

・ミニ研修
・サンキュータイム
・ポジティブフィードバック
・なんでもアイデア出し

7．もう悩まない！　気の利いたメール文章の作り方

取引先やお客さま、社内の人などとやり取りするメールの文章。基本的な雛型はネットで検

索したり本を読んだりすればわかりますが、それを自分の置かれている状況や相手との関係性を踏まえてアレンジするのって、意外と難しいなあと思います。

実際、私が個人の方向けにコミュニケーションのレッスンをしていたときにも、メールの書き方を相談されることがありました。ということでこの項では、ビジネスメールの基本から一歩進んで、あなたのメールをちょっと気の利いたものにするため、相手と気持ちいい関係性を築くための工夫の仕方をお伝えします。

【気の利いたメール文章の作り方1・お礼から始める】

「いつも大変お世話になっております。（社名）の（氏名）です。」などの挨拶に続けて、相手に対するお礼の言葉からスタートしましょう。できれば「いろいろありがとうございます」のようにまとめてしまうのではなく、**していただいたことに対して具体的に感謝を述べる**といいです。例えば「先ほどはお電話でありがとうございました。また、資料を送っていただきありがとうございます」「今回は、当方の依頼をお引き受けくださり感謝いたしております。また、お忙しいところ日程調整もしていただきありがとうございました」という感じ。

具体的なお礼から始めることで、メールを受け取った側はその後の文を気持ちよく読むことができます。お礼はどんどん伝えましょう！　ということをこの本の中で何度かお伝えしてきましたが、メールでも同様なのです。

【気の利いたメール文章の作り方２・文は短く。箇条書きもＧＯＯＤ】

「文章がうまく書けなくて、いつも悩んでしまいます」という声をよく聞きます。一生に一度のプロポーズとかだったら時間をかけて悩んだほうがいいと思いますが、ここはスピード感も大切にしたいビジネスの場。

丁寧さは大事ではありますが、**あくまでも重要なのは、伝えるべき事柄をスムーズに伝えること。**文章のつなぎに迷うくらいなら、**短い文章に区切る、もしくは箇条書きでサクッとまとめたほうがずっといい**です。むしろ一文が長いと読むのが大変ですし、意味の解釈が難しくて誤解を招く恐れもあります。

【気の利いたメール文章の作り方３・ひとこと感情を混ぜる】

ビジネスメールの定型文どおりでもまったく問題はないのですが、それだとちょっと素っ気ない感じになりそうなときには、**一文だけでも自分の感情を表す言葉を混ぜておきましょう。**

「今回、お声がけくださって、とてもうれしかったです」

「すぐにご返信いただいて、大変助かりました」のような簡単な言葉でＯＫ！

それだけで、ちょっと人間味のあるあたたかいメールになります。

【気の利いたメール文章の作り方4・「追伸」を活用してみる】

仕事の相手でも、少し仲良くなった人なら、**たまに「追伸」と称して業務と関係ないコメントを付け加えるのもアリ。**

「追伸：先日教えていただいたお菓子、食べてみました。おいしかったです！　教えてくださりありがとうございました」のような感じです。グッと距離が縮まります。

最後に、まとめに代えてメールの例文を載せておきます（設定は架空です）。

〇〇さま

いつも大変お世話になっております。nib.の北村です。

先日はお忙しいところ打ち合わせのお時間をいただきまして、ありがとうございました。また、貴重な資料も見せていただき感謝いたしております。（お礼から始める）

今回の業務にあたり、確認させていただきたいことがあり連絡いたしました。次の３点について、ご回答をお願いできますでしょうか。

1．ご希望の納期
2．制作する冊子のページ数
3．ご希望の色（箇条書きを活用）

お忙しいところ恐縮ですが、〇月〇日までに教えてくださいますと大変助かります。

今回ご依頼くださったこととてもうれしく、お話を伺ってワクワクしております！（感情を混ぜる）引き続き、どうぞよろしくお願いいたします。

追伸：先日お話しておりました、日本酒のおいしいお店を見つけました。よろしければ今度ご一緒させていただけると幸いです。（追伸で距離を縮める）

8．一瞬で人の心を掴む！　キャッチコピーという伝え方

キャッチコピーとは本来、広告のために作られるものです。しかし「人の心を掴める短い言葉」を作る技術を、広告にしか使わないのはもったいない！　と私は思います。人に物事や思いを伝えたいあらゆる場面で、良い働きをしてくれるキャッチコピー。それなら職場でだって、活用しない手はないですよね。そこでコピーライターとしても活動している私が、職場でコピーライティングの技術を生かせる場面、キャッチコピーの作り方を解説します。

【職場でキャッチコピーが活きる場面】

1．チラシやパンフレット、社内文書のタイトル

会社や商品の宣伝に使うチラシやパンフレットはもちろんですが、社内文書こそ、読み手の心を掴んで行動を起こさせるためにキャッチコピーの力が生きます。私は、コールセンターの100名ほどのオペレーターに指示出しや研修をするときなど、その説明をする文書の見出し代わりにキャッチコピーを大きく書いたりしていました。

2．目標やスローガン

ひとつのプロジェクトだったり、もしくは一定期間部署を挙げて一つの目標に向けて取り組まなければならないとき、その**目標を堅苦しい文章ではなくキャッチコピーで共有する**のもおすすめ！　キャッチーで思わず口ずさみたくなる言葉にすることで、目標を常に意識しやすくなり、結果として達成につながります。

3．フィードバックした後に……

「レッスン3」でお伝えしたような、後輩にフィードバックする場面。指導をしたら最後は「次からは○○しましょうね」というふうに今後の目標を共有して終わると良いですが、その**目標をキャッチーな言葉に言い換えてみてください**。言っていて楽しくなるような言葉なら前向きに取り組めますし、折に触れて目標に立ち返りやすくなります。

【簡単キャッチコピーの作り方】

1．「何を伝えるか」を決める

キャッチコピーというと「カッコいい言葉を考えなくちゃ」と思われがちですが、その目的はあくまでも「伝えたいことを伝える」です。まずは、**今いちばん伝えたいことが何なのかを**

明確にしておきましょう。いくつも欲張らず、**一つに絞り込む**のがポイントです。

2.「どう伝えるか」を決める

何を伝えるかが決まったら、それをどんな言葉で伝えるかを考えます。基本的にはできるだけ短く、テンポや語感の良い言葉がおすすめ。数あるコピーライティングのノウハウから、職場で使いやすい簡単なものを紹介します。後輩と一緒にコピーを考えるのもいいですね！

(1) 3つ並べる

動詞や副詞を3つ並べると、テンポのいいフレーズを作りやすいです。例えばコピーライターとして活躍された糸井重里氏が代表を務める「株式会社ほぼ日」の行動指針は「やさしく、つよく、おもしろく。」。同じく糸井氏が手がけた日産自動車のセフィーロのキャッチコピーに「くうねる あそぶ」というものもあります。

(2) 例えを用いる

1．で設定した「伝えたいこと」を**何かにたとえて印象づける**方法です。例えば、接客の際に早口になりがちな後輩に「今よりも自分の体感で半分くらいの速さで話してみよう」と指導したとしたら、それを動画や音声の再生に例えて「0・5倍速作戦」と名づけるようなことです。ほかの人が聞いても意味がわからなくても、その**後輩と自分だけの「合言葉」**ができるとちょっと楽しい感じがしますよね。

(3) 単語だけにする

大事な事柄を文章にしてもなかなか覚えられないもの。そこから**単語だけを抜き出して並べる**だけでも、覚えやすく口にしやすいキャッチコピーになります。例えば、今月の目標は「売り上げ金額を先月対比で維持しながら、苦情を減らすこと」だとしたら、「売上キープ、苦情ダウン」のようなかたちです。

◆まとめ◆

《職場でキャッチコピーが活きる場面》

・文書のタイトルを決めるとき、目標やスローガンを決めるとき、フィードバックの後

《キャッチコピーの作り方》

・「何を伝えるか」→「どう伝えるか」

9. プレゼンに効く！　説得力あふれる論理的説明の仕方

社内の会議、取引先との商談、お客さまへの案内など、プレゼンテーションをする機会は仕事をしているとどこかで必ずと言っていいほど訪れます。プレゼンが苦手だという人に理由を尋ねると「緊張するから」「わかりやすく話せないから」「感覚で生きているタイプなので理屈で話せない」といったことをよく聞きます。緊張を緩和する方法は「レッスン4 - 5」を参考にしていただくとして、ここではわかりやすく理論立てて話す方法をお伝えしましょう。

プレゼンテーションというのは、聴き手に情報を提示して理解を得るようにするための手段です。相手も自分もすでに知っていること、なおかつ同じく好意的な感情を持っている物事について話すときは、言葉が抽象的かつ主観的であっても共感を得られます。例えば、自分も相手も行ったことがあり気に入っている菓子店について「あの店のケーキ、美味しいよね！」と言えば簡単に共感し合えるでしょう。

しかし、自分は好きだけれど相手は一度も行ったことがない（そして興味もない）菓子店に行ってもらうよう説得する場面だとしたら「美味しいよね！」と言っても「知らないよ」と言われるだけです。この場合は**具体的かつ客観的な言葉で菓子店の魅力を伝えなくてはなりません。**「美味しい」というのは主観なので、それを客観的に表す具体的な事実を伝えてみましょう。例えば「乳脂肪分４・０％以上の濃厚な牛乳を使った生クリームを、３つ星ホテルで腕を磨いたパティシエが軽やかな口当たりに仕上げています。そのためコクがありながらもサッパリとして美味しいケーキなんですよ」という感じで説明すれば「なぜ美味しいと言えるのか」という理由が伝わります。

まとめると……。

・抽象的かつ主観的な伝え方

あの店のケーキ、美味しいよね。私は好き！（その店を知らない人には伝わらない）

・具体的かつ客観的な伝え方

乳脂肪分４・０％以上の濃厚な牛乳を使った生クリームを、３つ星ホテルで腕を磨いたパティシエが軽やかな口当たりに仕上げています。そのためコクがありながらもサッパリとして美味しいケーキなんですよ（その店を知らない人にも、なぜ美味しいと言えるのかが伝わる➡プレゼンに向いている表現）

さらにわかりやすく、なおかつ相手の興味を引くためには**「一番伝えたいこと＝結論」を最初に言い、続けてその理由（具体的かつ客観的なもの）を伝える**と効果的です。

・結論から先に述べる伝え方

あのお店のケーキ、コクがあるのにサッパリとして美味しいんです！（まず結論で興味を引く）なぜなら、乳脂肪分４・０％以上の濃厚な牛乳を使った生クリームを、３つ星ホテルで腕を磨いたパティシエが軽やかな口当たりに仕上げているから。（具体的かつ客観的な理由で納得させる）

大きな会議や発表の場だけでなく、後輩に業務のやり方を伝えるとき、アドバイスをするときなど、相手に理解してもらいたい場面、行動を変えてもらいたい場面は、すべて「プレゼンテーション」だと私は思います。ただ言っただけで終わるのか、相手に理解を促し、やる気を持ち上げられるのかは、自分次第！　ぜひ説得力あふれる論理的説明で、相手の行動を変えることを目指してみてください。

◆まとめ◆
《説得力あふれる論理的説明の仕方》
・具体的かつ客観的に伝える
・まず結論を述べ、理由を後に続ける

10．ピンチをチャンスに変える！ トラブルが起きたときの各方面への伝え方

職場でトラブルが起きたら、あなたはどうしますか？　まったく慌てずに平常心で対処できるという人は、少なくとも若手のうちはなかなかいないのではないかと思います。もしも誤った行動をとってしまうと、トラブルが余計に大きくなったり、あなた自身の信用を失くすようなことになったりするかも。でも逆にしっかり対処ができれば、信頼を得ることにつながったり、それを見ていた後輩の学びになったり、ピンチをみんなで乗り越えたことで関係性が強くなるといった効果が期待できます。仕事をしていれば、いつか必ずトラブルは起きるもの。せっかくだから、職場のコミュニケーションをよくするチャンスに変えちゃいましょう！

【トラブルが起きたときに、ぜったいやっちゃダメなこと】

トラブルを大きくしたり信用を失ったりしないために、**絶対しないでほしいこと。それは「自分だけで抱え込むこと」と「言い訳・嘘を言うこと」**です。「もっと早く言ってくれればすぐ対処できたのに」となってからでは、もう取り返しがつきません。その場を逃れようとして言い訳や嘘を言ってしまうと、それを信じて上司などが取った対処策が間違っていた、ということになってしまいます。

大事なのは、**とにかくすぐ、正直に率直に報告すること！**　これさえできていれば、炎上や信用失墜の可能性はグッと小さくなります。**後輩にも日頃から「もしトラブルが起きたらすぐに正直に報告してね」というふうに伝えておく**（そして実際自分も上司にそうしている姿を見せる）ことをおすすめします。

【トラブルが起きたときに必要な行動と伝え方】

とにかくすぐに報告することが大事！　とお伝えしましたが、ここでポイントになるのは「誰に」「どういう順番で」伝えるのかということ。関わっている人が複数いる場合（それがほとんどですよね）**最初に誰に言えばいいのか。それは「責任をとってもらう人」**です。多くの場合、その業務の責任者だったり、直属の上司になるでしょう。

次に、その業務における「直接の関係者」続いて「（直接の関係者ではないけれど）影響を受ける人」と続きます。この順番どおりにいかないと、本来最も早く報告すべき人の耳に入るのが遅くなってしまい、解決の難化を招いてしまうかも。ただし、直接の関係者や影響を受ける人には必ずしも全員にあなたから報告しなければならないとは限りません。「責任をとってもらう人」に報告した際に自分からは誰に報告すべきなのかを確認しましょう。場合によっては、上司から報告するほうがいいという判断になる場合もあります。

報告するときの伝え方については、基本的には前項で解説した**「結論→理由や経緯」**の順番がおすすめです。特にトラブルのときは少しでも早く結論を伝えたほうが炎上を防ぎやすくなるため、この伝え方が効いてきます。経緯を説明する際は何が起きたのかを時系列で話すと相手はスッと理解しやすくなります。

それから報告するときのポイントは、まずは**「事実」にしぼって、自分の意見や感情は混ぜないこと**。あなたの感情や意見という主観的なものが事実と混同されると、思わぬ誤解につながる恐れがあるからです。意見を伝える場合は、事実をすべて話し終わってから「ここからは私の考えなのですが」と前置きをし、事実と明確に区別するようにしましょう。

最後に一つ。上司にトラブルを報告した後、できれば自分なりの対処法を考えて「〇〇〇すると良いかと思うのですが、いかがでしょうか？」と相談できればベストですが、考えつかない場合は正直にそう伝えるのがおすすめです。「対処法を考えたのですがわからず、教えていただけませんか？」「一緒に考えていただけますか？」という感じですね。そうすれば上司もあなたに対して何をしてあげればいいのかすぐわかるから。

正直に率直に。これ大事です。

◆まとめ◆

《職場でトラブルが起きたら……》

・自分だけで抱えこむこと・嘘をつくこと・言い訳をすることは×！

正直に率直に、とにかくすぐ報告。

・責任をとってもらう人→直接の関係者→影響を受ける人、の順で報告する
・結論→理由や経緯、の順で話す
・事実と意見・感情は明確に区別する
・自分なりの対処法があればベストだが、なければ率直にそれを伝えて相談する

【レッスン4・しめくくりのメッセージ】
心に勝る技術なし。でも技術に心はついてくる

言葉って包丁のようなものだと、よく思います。使い手の腕前次第できれいな千切りだったり、桂むき、美しい飾り切りなんかができたり。美味しい料理を振る舞って、人を幸せな気持ちにすることができたり。また逆に、特別な技術なんてなくても、例えば子どもが慣れない手つきで食材を切り、親のために初めて作った食事は最高に喜ばれるのではないでしょうか。

私はときどき子ども料理教室をお手伝いしているのですが、子どもが一所懸命つくったごはんを食べる親御さんは本当にうれしそう。そこに技術がどうのこうのっていうのは関係ないなあと思います（みんな上手なんですけどね）。しかし一方で「自分が何かをして親を喜ばせる」ということ自体まだ知らない、経験のない小さな子どもが、包丁の使い方を覚えて（子ども用の怪我しにくい包丁を使います）、目的とかはわからなくても、とりあえず教わったとおりに

料理をしてみる。そうして完成したものを食べてとてもうれしそうな親御さんの顔を見て、初めて「自分がつくった料理で親を喜ばせることができるんだ」と知ることがあるのです。

大切なのは技術そのものよりも、それによって伝えたい心である。それはもちろんなのですが、一方で、まず技術の習得から始めることで知る「心」というのもあると思うのです。「レッスン4」では、いろいろな場面を想定した言葉という道具の使い方をお伝えしてきました。もちろん、小手先の方法論にとらわれて心が置き去りになってしまうのはよくないなあと思います。しかし、言葉という道具のいい使い方をたくさん知っていればいるほど、人を喜ばせたり職場の雰囲気を良くしたりする手段を多く持っていることになる。また、その技術を使って相手の反応を得て初めてわかることもあるし、自分が成長できることもあるんですよね。

心に勝る技術はありません。けれど、技術に心がついてくることってある。そういう意味で、言葉という道具を使いこなす技術は、私たちを成長させてくれるのだなあ。そんなふうに、私は日々言葉を使い、言葉に触れるたび、感じるのです。

《レッスン5》人を動かす伝え方を無理なく、楽しく磨き続ける

【レッスン5・はじまりのメッセージ】

人を動かすことは、小さな幸せをつくること

あなたは今日、幸せですか？　なんにも不自由のない生活を送っていても、幸せだと思えないときもあるかもしれない。すごく苦労の多い毎日でも、ちょっとした幸せを感じる瞬間があるかもしれない。昨日はあんなに幸せいっぱいだったのに、今日はなんて不幸なんだーっ！　って叫びたくなることだってあるし、それでもやがてまた大きな幸せにめぐり合える日が来たりする。

人生は幸せか不幸かの二者択一ではなく、周りの環境と自分の状態によって常にアップダウンがあり、その変化はまるでグラデーションのよう。

そんななかで、私は思うのです。せっかく生きているのなら、少しでも幸せな瞬間を増やしていきたい。けど、自分ひとりでつくれる幸せは、本当に限られているな、と。

自分がこれまで幸せだと感じたときを思い出していくと、そこにはだいたい必ず「人」がいます。人生の時間の大部分を占める（今のところ）仕事においては、特にそう。自分が言った

ことやったことで、後輩の行動が変わる。それが後輩本人の幸せにつながるのはもちろん、成長した後輩と接する人たちもまた、より幸せを感じられることでしょう。そして、それを見ている自分も幸せな気持ちになれる。

人の心を動かすこと、人に行動を促すこと。それは目の前の人を幸せにして、周りを幸せにして、自分を幸せにすることです。そしてその始まりは、ほんの小さな自分の言葉や心がけだったりします。職場の日常に小さな幸せを生み出せる自分であるために、人を動かす伝え方をいくつになっても磨き続けていきたいなと思うのです。それも、無理なく楽しみながら。

1.「この人のために動きたい」と思われる人の共通点

言葉や伝え方を駆使して人に行動を起こしてもらうテクニックも大事ですが、相手に心から納得して動いてもらうには「**この人に何かしてあげたい**」「**この人のためなら頑張りたい**」と**思われているに**越したことはありません。私にもこれまで、そんなふうに思える人との出会いがいくつもありました。その人たちを見ていると「この人のために動きたい」と思わされる人にはいくつかの共通点があることに気づいたのです。

【「この人のために動きたい」と思われる人の共通点1・オープンマインド】

仕事は完璧だけれど何を考えているかわからない人よりも、**欠点や弱みを包み隠さず、気持ちを素直に伝えているほう**が、「なんか放っておけない」「この人の力になりたいな」と思わされるものです。思っていることを常にすべて話す必要はありませんが、**うれしいときはうれしい、困ったときは困ったと素直に口に出すの**がポイント。そのほうが人間味がありますし、相手がどんな気持ちでいるのかわかると顔色を伺わなくて済むので、居心地がいいものなのです。

【「この人のために動きたい」と思われる人の共通点2・褒めてくれる】

自分のことをよく褒めてくれる人には、好感を抱きやすいもの。褒められることで自己効力感が向上し「私も人の役に立てるかもしれない」という気持ちが湧き起こります。そして、**自分を褒めてくれたその人のために行動しようという気持ちになる**のです。1のオープンマインドにも通じますが、私が「この人のためなら何でもしたい！」と思わされた人たちはみんな、私が何かするたびに「さすがあなたね、ありがとう！」と褒めてくれていたように思います。そんな人から何か頼まれたら、断る気になんてまったくならないんですよね。

【「この人のために動きたい」と思われる人の共通点3・頼ってくれる】

人が一人でできることには限界がありますし、特に仕事となるとチームワークが重視される場面も多々あるでしょう。そんななかで、何でも自分一人でやってしまう人よりも、**自分が苦手なことや相手が得意なことを「お願い！」と頼れる人のほうが、相手にも「この人のために動きたい」と思われます。**人に何かをお願いするのは勇気を要することもありますが、大抵の人は頼りにされるとうれしいものです。

【「この人のために動きたい」と思われる人の共通点4・芯がブレない】

柔軟な考え方を持ちながらも、その根底にある理念や行動指針がブレない人。そういう人はまずシンプルにカッコよくて皆の憧れの対象になりますし、言動が一貫して筋が通っているから「どんなことをすればこの人の役に立てるのか」がわかりやすい。それで結果的に「あなたのためにだったら、やるよ」とよく言われているように感じます。信念がなくフラフラしていたり、言っていることがコロコロ変わるような人は、その人のために何をしたら喜ぶかがわかりづらい（昨日は褒められたことで今日は怒られた！　みたいなことがあったり）ので、その人のために動きたいという気持ちがなくなってしまうんですよね。

【「この人のために動きたい」と思われる人の共通点・人のために動いている】

こうやってまとめて改めて思うのは、自分のことだけを考え、自分のことだけをして、自分のことは全部自分でやっちゃう人は「この人のために動きたい」とは思われないんだろうなということ。逆に、**自分のことでも必要があればどんどん他者に頼るし、その代わり自分が人のためにできることは積極的に動く、**そんな人こそ「この人のために動きたい」と思われるのでしょう。自分のために何かしてくれた人には、自分もその人のために何かしたいと思うものですよね。

◆まとめ◆

《「この人のために動きたい」と思われる人の共通点》

・オープンマインド
・褒めてくれる
・頼ってくれる
・芯がブレない
・人のために動いている

2. 自分をもっと磨くために、自分をもっとよく知る方法

自分を磨くために、まずやるべきことって何でしょう。勉強すること？　スキルアップすること？　もちろんそれもいいのですが、まずは**自分の「現在地」を知ること**が大事だと思うんです。

すでに持っている自分の強みは何か？

人から愛される魅力は何か？

なりたい自分になるために足りないものは何か？

そもそも、自分がなりたい自分ってどんなだろう？

それがわかって初めて、勉強やスキルアップの方向性も見えてきます。せっかく自分磨きを頑張るなら、なりたい自分への最短距離で！　そのために自分を知るいろいろな方法を集めてみました。

【自分を知る方法1・「自分が思っている自分」を言葉にしてみる】

はじめに「自分がわかっている自分」を改めて可視化してみましょう。**自分で自分をどういう人間だと思っているか、言葉にして書き出してみる**のです。誰かに見せるわけでもないですから、良いことも悪いことも率直に。思いついたことはとにかくすべて書き出してみましょう。

不思議なもので、とっくにわかっているつもりのことでも、敢えて文字に書いてみると、その事象を新たな視点で見ることができるものです。文字にすることで「自分が自分をどう思っているか」をよりよく把握することができるのです。

【自分を知る方法2・人に尋ねてみる】

次に「他者から見た自分」を知る機会を設けてみましょう。一番やりやすいのは、家族や友人など身近な人に「私ってどんな人だと思う?」と聞いてみることですが、距離が近すぎると客観的な意見が出にくい面もあります。そこでおすすめなのが、**職場で後輩たちと一緒にグループワークをすること**。私はコールセンターでチームリーダーだったとき、チームの研修時間を使って**「メンバーそれぞれをどんな人だと思っているかを、その場で小さい手紙に書く」**というワークをやりました。いきなり口頭で言うのは難しいし、皆の前で言われるのは照れくさくもある。かと言って、家で手紙を書いてくるまでやるとちょっと負担が大きい。

なので「その場で書く短い手紙」くらいがちょうどいいのです。普段仕事で接している仲間からの意見はすごく参考になりますし、一度に複数人からの意見が集まるのもいいですよね。そして意見を言われる側だけでなく、言う側も仲間の人柄に思いを寄せ、それを言葉にする良い機会となるのです。他者のことを考える時間を通じて、また自分のことを考えるきっかけにもなりますよね。

私はここ数年、仕事の依頼をいただくたびに、「なぜ私に依頼してくださったのですか？」とお訊ねするようにしています。そうすると「以前○○でお会いしたときの印象で、北村さんなら気持ちよくインタビューしてくれそうだと思ったからです」「○○に書かれていたコピーを見て、この人にお願いしたいと考えていたんです」といった答えを返していただけます。これ、シンプルにとてもうれしいですし、すごく自己ブランディングの参考になります。

他者から見た自分を知ることは、自分が知らない自分の見せ方を知ることです。そして、自分の新しい見せ方を知ったら、それを見た人がまた新しい自分を見つけてくれるかもしれない。そうやってどんどん自己認識の幅が広がり、自分というものが磨かれていくのです。SNSを使っている人は、その投稿で「皆さんから見た私ってどんな人か、コメントで教えてください！」と尋ねてみるのもおもしろいですよ。私も以前それをやって、集まった回答をブログに載せま

した。(https://kitamuraakari.com/konnahito/)

【自分を知る方法3・人からインタビューしてもらう】

これも職場でやってみるのがおすすめなのですが、2とは逆に**他者から自分へインタビューしてもらい、自分が答えていくというワーク**です。話すのは自分だけれど、その内容の切り口が他者目線だから、新たな自分に気づけるのです。

特にネガティブな面を見つけるのは、この方法がおすすめ。なぜなら、短所や欠点って他者からは言いづらいからです。例えば「今の自分に足りないものは何ですか?」「自分の嫌いなところってどこですか?」のような質問の答えを考えるなかで、自分が変わりたいと思っていることに気づけたりするのです。それもまた、自分磨きの第一歩!

◆まとめ◆

《自分を知る方法》

- **自分が思う自分を書き出してみる**
- **他者に尋ねてみる**
- **他者からインタビューしてもらう**

3. 憧れられる人が持っている「自分の言葉」のつくり方

「レッスン3‐1」で「この人のために動きたいと思われる人の共通点」の一つに「芯がブレない」ということを挙げました。自分の信念や軸がある人がみんなから憧れられる理由に「その信念や軸を自分の言葉で周りに伝えているから」ということがあります。

誰かからの借り物でもなく、有名人の受け売りでもない、**自分が大切にしている思いを自分らしい表現でわかりやすく周りに伝えることができる**。その人自身が素敵なだけでなく、その素敵な部分を自ら発信できる。皆から「あの人みたいになりたい」なんて言われる存在の人って、それができていると思うのです。

そこで今回は、自分の「芯」を言葉にできるようになるため、ちょっとしたワークをしてみましょう。

まず、好きなノート、もしくはコピー用紙などでもいいのですが、紙を用意してください。

そして、ノートの左側のページ（コピー用紙などであれば、二つに折ってスペースを左右に分けてください）に**「もし100万円もらえるとしても、絶対やりたくないこと」を書いてみてください。**思いつくだけたくさん、です。

書き終わったら、今後は右側のスペースに、**左側に書いたものと反対のポジティブなことを書いてみてください。**例えば左側に「自分の言動で親友を傷つけること」と書いたとしたら「自分の言動で親友を喜ばせること」といった具合です。左側の言葉一つに対して右側に一つ、対にするかたちで書いていきましょう。

次に、右側に書いた言葉を一つずつ見て**「範囲」を広げるように言葉を置き換えます。**「範囲を広げる」とは、例えば「自分の言動で親友を喜ばせること」であれば「喜ばせたい」のは「親友」だけじゃないな、他に誰がいるかな、家族、恋人とか……その人たちをまとめてなんて言うかな、と考えた結果「自分の言動で大切な人を喜ばせること」と言い換えるといったことです。言い換える必要がないものはそのままでもいいですが、できるだけ範囲の広い言葉に言い換えてみましょう。

ここまでできたら、右側に書かれた言葉をまた、一つひとつ見てみてください。そこにはきっと、今の自分が人生を送るうえで大切にしたいこと、優先度の高いことが書かれているはずです。無理に一つに絞らなくてもいいですが、なかでも一つ「これだ」と思うものがあったら、それが今の自分の「芯」なのです。

後はちょっと言い回しを調整したりして、より自分らしい言葉にブラッシュアップしましょう。これで、自分の「芯」を表す言葉の完成です。あなたは今、自分が大切にしている信念を言葉で伝えられる人になりました！　でもこれって不思議なもので、声に出していなくても自分の中に明確な芯があるというだけで、日頃からのいろんな言動に自信がみなぎってくるもの。それはきっと、いろいろな判断や行動基準に迷いがなくなるからなのではないかなと思います。

◆まとめ◆

《自分の言葉のつくり方》

- **「100万円もらってもやりたくないこと」を書き出す**
- **それと反対のポジティブな言葉に書き換える**
- **「範囲」の広い言葉に置き換える**
- **自分らしい言葉や言い回しに置き換える**

4. 愛される人になる「頼り方」

「人は一人では生きていけない」と言いますが、私はこれには二つの意味があると思っています。一つは、人が一人でできることには限りがあるから、協力し合わなければ物事は成し遂げられないということ。二つ目は、人は誰かに頼られること、役に立つことで喜びを得られるものであり、その喜びは一人では得られないものだということです。そう、人がこの社会で喜びを感じ合い、豊かに生きるためには、人を頼ることと頼られること、誰かのために頑張ることと誰かに助けを求めること、どちらも必要なのです。

私は今まで生きてきた中で、人から頼ってもらえて、助けを求めてもらえて、うれしかったことがたくさんありました。それを機に、ますますその人を好きになってしまったことも。ということで、ここではそんな私の経験から、愛される人がやっている「人の頼り方」をお伝えします。相手に喜ばれて、愛されて、そして自分もうれしければ、お互いに最高ですよね。

【愛される人がしている頼り方1・自分でよく考えてから頼る】

「自分で頑張って調べたんですが、どうしてもわからなくて。すごく困っていて、先輩、助けてください！」そんなふうに言われたら、大抵の人は何とかしてあげようという気になるのではないでしょうか。相手を頑張り屋さんだなあと思うほど、助けたいという気持ちが湧いてくる。逆に、ちょっと調べればわかるようなことをいつも尋ねてきたり、それは自分で考えることだよね？　っていうことを頻繁に相談されるようになると、力になりたいって気持ちはだんだんしぼんできてしまいます。そのときの事情や内容にもよりますが、頼るといっても自分は努力せず丸投げするだけでは「愛される」からは遠ざかってしまうかもしれません。

【愛される人がしている頼り方2・具体的にハッキリ伝える】

何でもそうですが、相手の視点に立ってわかりやすく伝えられる人は好かれます。例えば、自分が何についてどのように困っているのか、何をしてほしいのかをはっきりと伝えられること。遠慮する気持ちが先に立って「○○なんだけど……」のように曖昧に伝えてしまうことは、実は「自分は何をしたらいいのか」を相手に考えさせるという負担を強いることになっているんです。

「○○について一人でできなくて困っている。あなたには□□の部分を手伝ってほしい」とはっきり伝えたほうが、相手は気持ちよく協力できる。これも一つの思いやりのかたちなのです。

【愛される人がしている頼り方3・報告とお礼ができる】

例えば仕事でわからないことがあって、誰かに教えてもらったとき。もちろんその場ではお礼を言うと思うのですが、愛される人って**その仕事が終わった後にも必ず報告とお礼をしています**。「おかげさまで無事に終えることができました」「教わったことがこんなふうに役立ちました」「教わったことをもとにつくった資料が先方にも好評でした！」という感じ。ただお礼を述べるだけではなく、**どんなふうに役立ったか具体的に伝えると**、相手はより力になれたという実感を持てますし、うれしくてまた助けたいと思うもの。助けてもらった後の報告とお礼は、相手を喜ばせたいという気持ちの具現化なのです。

【愛される人がしている頼り方4・日頃からGIVEしている】

ギブ・アンド・テイクと言い方があります。人に何かをしてあげる側になることもあれば、してもらう側になることもある。私が出会ってきた「愛される頼り方」ができる人たちって、みんな日頃からギブ、つまり**自分から困っている人を助けようと手を差し出している**ように感じます。自分ができることは無理のない範囲で「よかったらやりましょうか？」と積極的に声をかける。手助けする。それをしているからこそ、自分が困ったときには周りも自然と助けたい気持ちになるんですね。

◆まとめ◆
《愛される人がしている頼り方》
・自分でよく考えてから頼る
・具体的にハッキリ伝える
・報告とお礼ができる
・日頃からGIVEしている

5．多彩な表現ができるようになる、ボキャブラリーの増やし方

「私、語彙力に乏しくて……」「ボキャブラリーが豊富になりたい」といったお悩みをよく聞きます。そもそも、語彙力って何なんでしょう。まず皆さんが思い浮かべるのは「言葉をたく

さん知っていること」ではないでしょうか。確かに、知っている言葉の数が少ないよりは多いほうが、表現の幅が広がりますね。そしてそれは、自分が話すときだけでなく、人の話を聴くことに役立ちます。ということで、まずは私が思う「知っている言葉の増やし方」を紹介しましょう。

やっぱり一番効果的だと思うのは、本を読むこと。**本って、自分が生きていない人生や時代を疑似体験させてくれる**もの。読めば読むほど、普通に生活していたのでは知り得ない言葉や表現を習得できます。本のジャンルは自分が好きなものなら何でも良いのですが、私の経験上、特に小説をたくさん読んでいる人と話すと語彙力が豊富だなあと感じることが多いです。

と、そんなことを言っている私は、恥ずかしながら読書習慣があまりなく、自分で語彙力に乏しいなあと感じることが多々……。

そこで私がしているのは、購読している**新聞の中で一日につき1記事はじっくり読んで**（隅々まで読むということができない）**知らない語句があれば調べる**ということです。なんとなく文脈で何が言いたいのかわかってしまっても、初めて聞いた語句であれば調べるというマイルール。これで、特別に勉強する時間を取らなくても、日々ちょっとずつ語彙力を高めることができます。もちろん新聞じゃなくても、好きなウェブメディアでも漫画でも、読みやすいものでいいですよ！　ただし、できればスラスラ読めてしまうものよりは「自分にとって少し難しい」くらいのレベル感のものを選ぶことをおすすめします。

あと、私が素敵だなと思うのは、会話していて知らない言葉が出てきたときに、すぐ**「○○って何ですか？」と聞ける人**。後で調べてもいいのだろうけれど、その場でクリアにしたほうがちゃんと話題にキャッチアップできるし、聞かれたほうも「この言葉を知らない人もいるんだ」とわかるし、それを説明するのもまた勉強になるものです。

そういえば、外国人留学生がたくさんいる学校の日本人学生にインタビューしたことがあるのですが、彼らは留学生に日本語の単語の意味を聞かれることが多く、知っているつもりだった言葉でもうまく説明できないことに気づくのだそうです。それで改めて調べて説明することで、その言葉の意味をちゃんと理解できるのだという。会話の中で知らない言葉の意味を尋ねるのも尋ねられるのも、有益なことなんですね。

ちょっと話が逸れましたが「語彙力が高い」ということにはもう一つの意味があります。言葉をたくさん知っているだけでなく、それらを「使いこなせる」ということ。ここからは私の解釈になるのですが、本当にボキャブラリーが豊富な人って、単に難しい言葉を知っているだけではなく、**言葉の引き出しを多彩に持ち合わせていて、それを相手に合わせて取り出し、組み合わせ、最も伝わりやすいかたちで表現できる**んですよね。

　その力を伸ばす訓練の方法として、**ふわっとした感覚や感情を言語化する癖をつける**というものがあります。日常でやりやすいものがいいので、おすすめは食べた物の味。それを、6歳の子どもに伝えるなら？　ビジネスのプレゼンで話すなら？　お年寄りに説明するなら？……というふうに、相手を変えて伝え方を考えるのです。単に「甘い」ではなく、子どもなら「チョコレートみたいに甘い」がいいかな？　ビジネスの場なら「糖度○％程度」と説明したほうがいいかな？　と考えることで、自《おの》ずと表現の幅が広がっていくことでしょう。

　最後に、語彙力を高め続ける一番有効な方法は、やっぱり言葉を使い続けることだと思います。新しい言葉や表現を知っても使わなければ忘れてしまうし、**言葉を使う習慣を持つことで幅広い語彙力を身に着ける必要にかられ、学ぶことになる**からです。

　私も執筆をしながら、やっぱり1記事に数回は言葉を調べています。「自分には語彙力がないから」と言葉を使う場面を避けてしまうか、できるだけその機会を持とうとするのか。その違いで、1年後、3年後、5年後……大きな差がつくのだと思います。

◆まとめ◆
《ボキャブラリーの増やし方》
・本を読む（小説がおすすめ）
・新聞などを読んで知らない言葉を調べる
・会話の中で知らない言葉が出てきたら意味を聞く
・ふわっとした感覚や感情を言葉にする練習をしてみる
・日々、言葉を使い続ける

6. こっそりしっかりココロをつかむ「ひとこと手紙」の書き方

よく使う「伝える手段」といえば、対面や電話などの口頭、それからLINEなどのデジタルチャットツールなんかがありますが、アナログな「手紙」もいいですよ！　と言われても、長文の手紙を書くのってなかなか大変ですよね。パソコンやスマホのように簡単に修正できないし（ちょっとした誤字ならまだしも、段落を入れ替えるとかは無理）、書いていると手が痛くなってくるし、字に自信がないし（私だけでしょうか（笑））。そんな私のような人でも、小さくて短い「ひとこと手紙」なら、負担なく書けて相手に気持ちも伝わります。

【「ひとこと手紙」のススメ１・ひとこと手紙用の紙を持ち歩く】

「手紙と言われても、なかなか書く機会がないなあ」という方は、**まず紙を買う**ことからスタートするのがおすすめです。手元にあれば使いたい気持ちになりますし、わざわざ買うというプロセスを経ることで自分の中に「手紙を書く」という行動の存在感が増し、習慣化につながるからです。

選び方のポイントとしては、まず**小さなサイズにする**こと！　名刺くらいの大きさや、ポストカードの半分くらいの大きさがよいでしょう。いつも持ち歩いている手帳や財布に入れられるサイズがベストです。それより大きいと持ち運びの負担が大きくなって結局使わなくなりますし、書くハードルも上がってしまうからです。デザインは相手を選ばず使えるシンプルなものと、自分が好きな柄などがついたものの両方を用意しておくと、使い分けができて便利。付箋タイプのものもあると、デスクや贈り物に貼り付けることができて重宝します。そうそう、ペンを持ち歩くのも忘れずに！

【「ひとこと手紙」のススメ2・こんなシチュエーションで使える】

準備ができたら、さっそくいろんなシチュエーションで使ってみましょう。例えばこんなときに「ひとこと手紙」があると、相手はつい笑顔になってしまうと思います。

「ひとこと手紙」が使えるシチュエーション

- 借りた物を返すとき、物を貸すとき
- プレゼントや差し入れをするとき
- 相手が不在時に、伝言をするとき
- 相手が元気ないとき、頑張ったときなど、励ましの言葉をかけたいとき
- 何かしてもらったとき、教わったときなど、お礼を言いたいとき
- 迷惑や負担をかけてしまい、お詫びをしたいとき
- 特に何もないけれど、日頃の感謝や相手への気持ちを伝えたいとき

こうして挙げてみると、意外とたくさんありますね。いずれも口頭やメールでも伝えられますし、何も言わなくても全く問題ない場面ばかりです。でも、だからこそ、敢えて「ひとこと手紙」を送ることで、自分が伝えたい気持ちと自分の存在は相手に強く印象に残ります。それ

が、これからの関係性をよくするきっかけになるのです。

【「ひとこと手紙」のススメ3・2文で気持ちを伝えよう】

「ひとこと手紙」というくらいですから、短くてOK！　自分がラクに、相手にも重く感じさせない目安として「2文」で気持ちを伝えることをおすすめします。例えば、

「本を貸してくださってありがとうございました。おもしろくて一気読みしちゃいました」

「このクッキーおいしいので食べてみてください。明日もよろしくお願いいたします！」

「今日はご迷惑をおかけして申し訳ありませんでした。次は私にお手伝いさせてください！」

のように、**お礼やお詫びなどの「本題」を1文目で、自分の「気持ち」を2文目で伝えます**

（順番は逆でもOK）。

長文よりも書きやすく読みやすい、でも1文だけで終わるよりも気持ちが伝わる。そんな「ひとこと手紙」を書いてみてください。一度書いてみると「こんな簡単なことか～」と思えますし、相手の反応がうれしいから「また書こう」という気持ちになる。「ひとこと手紙」を習慣化するということは、周りとのコミュニケーションを良くして自分と周りにうれしい気持ちを増やしていく一つの手段なのです。

◆まとめ◆
《「ひとこと手紙のススメ」》
・ひとこと手紙用の紙を持ち歩く
・いろんなシチュエーションで使ってみる
・「本題」と「気持ち」の2文構成

7. 嫌われない「嫌われ役」の引き受け方

「嫌われ役も、必要だよね」なんてよく言われます。確かに、皆が言いづらい（でも誰かが言わなきゃいけない）ことを言ったり、厳しめの意見を伝えたりする役割は、仕事をしている以上誰かが引き受けなければいけないものです。でも、いくら「嫌われ役」といったって、本当に皆を嫌な気持ちにさせたり、憎まれるようなことになったりしたら意味がありません。

誰かが嫌われ役を演じる、その目的は、今この場に必要な意見や正論を皆に伝え、仕事や人間関係の方向性を正したり、より良い方向に持っていくことです。そんな「嫌われ役」をいつ

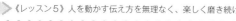

か自分が演じなくてはいけないときが来るかも……難しそう、本当に嫌われたらどうしよう、そんなふうに思っているあなたへ、嫌われず皆から感謝される「嫌われ役の引き受け方」のポイントを紹介します。

【嫌われ役の引き受け方1・自分から進んで】

誰かが厳しいことを言わなければいけないとき。立場的に誰が言ってもいいようなシーンであれば、**自分から進んでその役目を引き受けてみましょう**。特に、後輩が数名いて先輩は自分だけ、という場面なら、後輩の誰かにその役目をさせるよりも自分が引き受けてあげたほうが後輩同士の関係性がスムーズになるでしょう。いつでも自分がやればいいというわけではありませんが（状況を見て、他の人に任せたほうがいいなと思えば自分は下がる）、そうでなければ率先して引き受けてみてください。珍しい行動に最初だけ少し驚かれるかもしれませんが、そのうちあなたの姿勢に皆は感謝するはず。**見ている人は必ず見ている**ものです。

【嫌われ役の引き受け方2・注目させてから言う】

注目させるなんてちょっと緊張してしまうのですが（笑）、嫌われ役を引き受けるには大事なこと。聞き手にとっては耳の痛いことを言うわけですから、何回も言ったりクドクド説明したりっていうのは避けたい。そこで、確実に皆に聞いてもらえるよう自分のほうにアテンションプリーズするのです。

会議などの場であれば「ちょっと発言してもいいですか？」と手を挙げる、作業中などであれば**「皆さんに伝えなければならないことがあります」と一カ所に集まってもらうか、手を止めて話を聞いてもらうよう声をかける。**そして全員が注目していることを確認してから、話し始めましょう。厳しいことを言う場面ですから、こんなふうにして緊張感を味方につけたほうが伝わるものも伝わりやすくなりますよ。

【嫌われ役の引き受け方3・無表情で淡々と】

うれしいことや楽しいことを話すときは、その「うれしい」「楽しい」という感情を伝えたいわけですから、言葉だけなく顔や声の表情も総動員して表現するのがおすすめ。ですが、厳しいことを伝える場合は、その内容を伝えることがすべてであって、感情を伝える必要はありません。むしろ「怒り」「いらだち」のような感情を持ち込んでしまうと、相手に恐怖や拒否反応を起こさせて逆に内容が伝わりづらくなってしまいます。

だから、嫌われ役として厳しいことを言うときこそ、**無表情で淡々と。真剣に皆のことを見ながら、決して声を荒げず、ニュースキャスターが原稿を読むようなイメージでフラットに話**

しましょう。これで余計な感情は伝わらず、それでいて「いつもニコニコしている人が、今日は様子が違うぞ」という緊張感をほどよく皆に感じさせることができるのです。

【嫌われ役の引き受け方4・終わったらいつもどおり】

必要なことを伝え終わったら、これで嫌われ役はいったん終了。**いつものニコニコなあなたに戻って大丈夫です**。いつまでも引きずってしまうと、戻しどころがわからなくなって自分も周りも気まずくなることも。なので、厳しいことを言うときは言う、しかし終わったら元どおり、という切り替えが大事なのです。そうすることで、あなたが嫌われ役を引き受けても周りの空気や関係性を悪くすることはないですし、周りからは「普段は優しくて、必要なら厳しいことも言ってくれる人」として頼りにされるはずです。

最後に。わざと嫌われる必要はないけれど、**嫌われることを恐れない**のが大事。「嫌われ役」とは言うけれど、嫌われることが目的ではなく、嫌われるかもしれないリスクを負いつつも皆のためを思った行動ができる人のこと。そういう人は、実際には絶対嫌われないはずだし、皆から本当に頼りにされる存在なのです。

◆まとめ◆
《嫌われ役の引き受け方》
・自分から進んで
・注目させてから言う
・無表情で淡々と
・終わったらいつもどおり

8. 伝えることを仕事にする人の、考え方と覚悟

ここまでこの本を読んできてくださったあなた。今「伝える」ということを、どのように捉えていますか？　難しい？　楽しい？　思ってたよりできそう？　うまくいくか不安？　きっとすごく楽しめるときもあれば、難しさに頭を抱えてしまうときもあるでしょう。迷ったり気持ちが揺れたりすることもあると思いますが（私もあります）そんなときに立ち返る、伝えることを仕事にしている者としての考え方と覚悟のお話をしたいと思います。

【伝えることを仕事にする者としての、考え方と覚悟1・言葉は道具である】

この本の中でも何度か言っていますが、言葉というのはいろんな意味で情報や感情を伝える「道具」であるということ、これは私自身もいつも念頭に置いています。コミュニケーションに欠かせない重要な道具ではあるけれど、**本質はあくまでもその中身。**言葉という表面にとらわれ過ぎず、本当の気持ちはなんだろう、真実はなんだろうと考えることが大事だと思っています。

【伝えることを仕事にする者としての、考え方と覚悟2・言葉にしなきゃ伝わらない】

「これくらい言わなくてもわかるだろう」という考えは、持たないようにしています。実際には長く一緒に仕事をしたりして意思疎通が図れるようになると、言わなくてもわかることも出てきますが、大事なのは、言わなくてもわかるはずだという「期待」をしないということです。

勝手に期待をすると「なんでそれくらいわからないの？」と相手に不満を持ってしまいますが、期待しなければガッカリしないし、わかってくれたら喜べる。

「考えていることや気持ちは言葉にしなければ伝わらないものだ」ということが理解できていれば、無駄に嫌な気持ちになることなく、スムーズにコミュニケーションできるのです。

【伝えることを仕事にする者としての、考え方と覚悟3・言葉にしても伝わらない!?】

残念なお知らせですが（笑）、言葉にしても伝わらないことは、実際にあります。「んもう、言ったのに！」とか思ってしまいますが、よく考えてみると、自分だって人の話を聞き逃したり、うっかり忘れたり、メールなんかを見落としたりすることってあります。誰にだってその可能性はある。だったら「そういうことはあるものだ」という前提でコミュニケーションしたほうが精神衛生上も良いですよね。

「あれ、伝えたはずだけどな」と思っても「さっきも言ったでしょ！」ではなく「あれ、言ったつもりだったわ〜」で済ませる。そうしたら相手も「いや、自分が忘れていました！」と気づいてくれるかも。**どちらかが悪い、誰が正しい、ではなく、言葉は伝わらないこともあるもの、人は見落としや聞き逃しをするものだ**と思って生きたほうが、自分もその周りもきっと気持ちがラクになるのです。

【伝えることを仕事にする者としての、考え方と覚悟4・言葉はひとり歩きする】

これは私がコピーライターの仕事をしていて痛感していることです。言葉や文章というのは、どんなにしっかりした意図を持って、**どんなに強い思いを込めて書いたとしても、発信した瞬間にその解釈は受け手に委《ゆだ》ねられるもの。**受け手の解釈、感想、抱いた感情は、書き手側には少しもコントロールしようがないものなんです。

「いや、そんなつもりで書いてないんですけど！」とか言ったところで、相手が一度感じた気持ちは変えようがないですもんね。これはもちろん書くときだけでなく話すときも同じことなのですが、発した言葉はひとり歩きするものであり、取り戻しようがないということを肝に銘じて、責任を感じながら日々言葉を紡《つむ》いでいるのです。

【伝えることを仕事にする者としての、考え方と覚悟5・どんな言葉も、人を傷つける可能性を持っている】

どんなに楽しげなキャッチコピーでも、当たり障《さわ》りのないコメントでも、言葉を人に（特に不特定多数に）届ける以上は、それが**誰かを傷つける可能性がゼロではない**ということ。それ自体をどうすることもできないのですが、私たちはそういうリスクの中で生きている、そういう責任をも背負って言葉の仕事をしている。それがあるからこそ、責任と意義を持ってこの仕事をしようという覚悟ができているのです。

こうした考え方や覚悟を、私はいつも頭の片隅に置いて、常に意識するわけじゃないけれど折に触れて立ち戻るようにしています。トラブルが起きそうなとき、心が折れそうなとき、行動を間違えそうになるとき、私を正しい位置に戻してくれる大切な考え方です。

◆まとめ◆

《伝えることを仕事にする者としての、考え方と覚悟》

・言葉は道具である
・言葉にしなきゃ伝わらない
・言葉にしても伝わらないことがある
・言葉はひとり歩きするものだ
・どんな言葉も、人を傷つける可能性を持っている

9. 伝え方を磨き続けるために、日頃からできること

「この人の話し方、素敵だなあ」「あの人って言葉のセンスあるよね」と思わせる人って、もちろん生まれたときからすごいわけではなく、伝え方を磨く努力や工夫を積み重ねてきているのだろうと思います。それも、苦労する感じじゃなく、自分も楽しみながらだったり、ラクにできるよう習慣化したりして。

何でもそうかもしれませんが、日頃からやってもいないのに急にやろうとしても、なかなかできないものです。もしくはなんとかできたとしても「付け焼き刃だな」ときっとバレてしまいますよね。

私の知人の話です。私よりうんと若い、20代の学生なんですが、とにかく言葉が丁寧なのです。それは単に敬語が正しく使えるとかそういうことだけじゃなくて、例えば私の仕事のお手伝いをお願いすると「その案件、おもしろそうですね！」「頼っていただきありがとうございます！」と言ってくれる。話の流れで参考になりそうな記事のＵＲＬを送るとまず「教えてく

れてありがとうございます！」、それから読んだ後に「ためになりました、ありがとうございました！」とメッセージをくれたりする。いつも、連絡事項だけじゃなくて**気持ちを伝える言葉を添えてくれる**んです。本当に「いつも」だから、これは誰にでもできることじゃないなあと感心します。

言葉という道具の扱い方が丁寧だし、それを使った人との向き合い方も、自分の気持ちの伝え方も丁寧。そんな彼に文章の仕事をお願いすると、本当にとてもハイクオリティなものが返ってくるのです。特に文章を専門に勉強しているわけではない彼ですが、**日頃から言葉と真剣に付き合い、「言葉で心を伝える」という経験を人一倍重ねてきた**（重要なのは年数より密度なんですね）からこそ、結果的にどんな文章を書いてもらってもアウトプット精度が高くなるんだなあと感じたのでした。

それから、仕事をしていると、こんなことがあります。特に行政関係の案件などでは書類を取り交わすことが多く、郵送でやり取りすることがあります。送られてきた封筒を開けてみると、送付状や必要な書類一式に、クリップで一筆箋が留めてあって、そこには「この前の北村先生の研修、勉強になりました」「今回もまたお引き受けくださってうれしいです」のような感想や感謝の気持ちが、簡潔ながらも温かい言葉で綴られている。

読みながらふと、書いてくれた人の状況に思いを馳せます。この書類、きっと私以外の外注先にもたくさん送っているはず。返送されてきたらその処理だってあるだろうし、他の仕事もあるだろうし、忙しいだろう。そんななかで、この方は一人ひとりにメッセージを書いてくれているのだなあ。そう考えていると、この方との仕事に一層力を尽くしたい気持ちになるし、書類に記入する面倒な気持ちもなくなるし（笑）、何より、**自分に思いを寄せて言葉を綴ってくれることがうれしい**ものですよね。

伝え方が素敵な人は「伝える」という行為を人よりたくさんしているし、その一つひとつにひと手間かけている。一見して非効率なその行動により、自身の「伝える力」は日々少しずつ磨かれ、年月をかけて大きな実りとなっていくのです。たった一回、お礼を言うこと、たった一回、気持ちを伝えること。しなくても何の問題もないし誰にも迷惑はかけないけれど、**その「一回」を大切にできる人とできない人とでは将来の幸福度が大きく変わってくるの**ではないかと思うのです。

そうして私も、そんな人たちの背中を見て、伝えることを丁寧に、密度を濃く、量も多く、やっていこうと決めました。伝えても伝えなくてもいいけれど、伝えたほうが絶対に相手はハッピーになるはず、と思うことはできる限り伝えていくようにしています。

今「自分は伝えることが苦手だなあ」と感じている人こそ、まずはほんの少し、一日一回でもいいから伝えることに向き合い、**これまでよりもちょっとだけ多く「伝える」という行為をしてほしい**。内容は何でもいいけれど、周りの人に対する感謝とか好意とか、ポジティブな感情を伝えてほしいと思います。小さなスタートでも、数年後にはきっとピカピカに磨かれた状態になっているはずだから。

10. 自分らしい伝え方のスタイル確立の仕方

伝え方を学んで、いろいろ実践してみて、後輩や周りと良い関係が築けるようになって。いろんな状況でコミュニケーションを取ることに慣れてきて、うまくこなせるようになってきた頃。ふと「私らしさって何だろう?」と感じるタイミングが来ることがあります。そうなってきたら、学んだことや教わったことを「そのままやる」段階を卒業して、自分のスタイルを確立していくときです。自分らしさとはどのようなことか、ちょっと考えてもなかなかわからなかったりするものですが、これを機に一緒に見つけてみませんか? ここでは自分らしい伝え方のエッセンスを見つけ、自分の「行動指針」をつくる方法を解説します。

【自分らしい「行動指針」のつくり方1・「自分に合っている」伝え方を棚卸しする】

まずは、これまでやってみて特にうまくいった、もしくは自分がやりやすいと思った伝え方のテクニックや、良いなと思った考え方を書き出してみましょう。ここでは**できるだけたくさん挙げる**のがポイント。すごく良いと思うものだけでなく、ちょっと良いかなくらいのものもどんどん書いていってください。取捨選択せず、できるだけたくさん、です。書き出す道具は紙でもパソコンやスマホでもいいのですが、手書き派の人は極力大きい紙を用意するのがおすすめです。

【自分らしい「行動指針」のつくり方2・「これだけはやりたくない」伝え方を棚卸しする】

「何をするか」よりも「何をやらないか」のほうが、その人のポリシーを色濃く反映します。つまり**「何をやりたくないか」にこそ、自分らしさがつまっている**ということ。もしもこれまで見聞きして、もしくは自分がされて「これはイヤだな！」「こういうコミュニケーションの仕方だけは、私は絶対したくない！」と感じた経験があれば、ここぞとばかりに（笑）書き出してみてください。もちろん経験したことがなくても、想像でこれはやりたくないと思うことも含めてＯＫです。これも1同様、取捨選択をせずできるだけたくさん挙げてみてください。

【自分らしい「行動指針」のつくり方3・「似ているもの」をひとまとめにする】

たくさん書き出してみたら、それらを眺めてみて、**似たようなものがあればひとまとめにしてください。**例えば「最初に相手の話をよく聴く（という方法で過去にうまくいった）」「人の話を聞かずに否定から入る（人を見てイヤだなと思った）」「どんな意見もまずは受け止める（ことをしたら後輩と距離が縮まった）」というものがあれば「どんな意見もはじめから否定せず、まずは最後まで聴く」というふうに一つにまとめる感じです。そうしていくと、各論が総論に近づき、どんな場面でも適用する普遍的な行動指針になっていきます。

【自分らしい「行動指針」のつくり方4・「これからも大切にしたい」ものを選ぶ】

ここまでできたら、目の前に書き出されている項目のなかから「**これからも大切にしたい」と思うものを3~5つくらい選んでください。**もしすぐには選びづらかったら「これは違うかな」と思うものを消していくことから始めると、やりやすくなります。もしくは、今自分が育成を担当している後輩や、一緒に仕事をすることが多い後輩を一人思い浮かべて、その後輩と接するときにぜったい大切にしていきたいこと、と思って選ぶとスムーズになるかもしれません。

さあ、選べたでしょうか。これが、あなたが自分で決めた、今のあなたが大切にすべき「行動指針」です。誰かの言いなりでもない、かといって自分の独断と偏見だけで決めたのでもない、あなたがいろんな人から教わったり学んだりしてきたことに、あなた自身の経験をプラスした、あなただけのための道しるべです。

これを今日からしばらくの間は、自分の中に定着するよう一日一回は見返すようにしましょう。手帳に書いたり、スマホの壁紙にしたり、どこかに貼っておいてもいいかもしれません。そうしているうちに見返さなくても自然と頭に浮かんでくるくらい自分に馴染んでくるはずです。そうなる頃には、その「行動指針」はめざすべき「目標」から「あなたそのもの」に変わっています。大丈夫、あなたの行動指針は、あなたのやってきたことでできている。やってきたことに、誇りを持ってください。**憧れの存在はあなたの中にあります。**

【レッスン5・しめくくりのメッセージ】「人を動かす伝え方」の先にあるもの

「レッスン5」では、人を動かす伝え方を磨いていく方法をあれこれ解説してきました。ここまでお話ししておきながら思うのですが「人を動かす」ってなんだかおこがましいですよね（笑）。だって、自分だったら「動かされた」とか思いたくないし、なんてことも考えてしまうのですが「人を動かす伝え方」って、テクニックで無理やり動かすことでも、騙したりするようなことでも、決してありません。

私は「自分の意志や気持ちを相手にわかりやすく伝え、相手に行動を促す行為」だと思っています。

「自分の意志や気持ちを相手にわかりやすく伝える」には、そのための技術が必要になります。言葉という道具の扱い方を心得ている必要があります。だけど目指すべきは、相手に力技で行動を起こさせるのではなく「その話を聞いていたらコレをやったほうがいいと思えてきた」「どちらでもいいんだろうけど、私はコレをやりたいな」というふうに、相手に自然と選択してもらう形で行動を促すこと。そのためにはその都度で使いこなすテクニックを知っているだけでなく、日頃から自分の「伝え方の足腰」を鍛えておく必要がある（技を知っていても、日頃から鍛えていなくて急にやったらケガしちゃいますよね）。そのトレーニングの仕方を、この「レッスン５」ではお伝えしてきました。

このトレーニングのいいところは、続けてきた成果だけでなく、トレーニングするプロセスにおいても自分と向き合えたり、後輩や周りのことを思いやれたりと、心の成長と幸せを生み出せること。「レッスン５」のはじめにお伝えしたように、人の心を動かすこと、人に行動を促すことは、目の前の人を幸せにして、周りを幸せにして、自分を幸せにすることです。

さらにそれを積み重ねた先には、例えばあなたが育成を担当した後輩が先輩の立場となり、後輩と接することを通じて自分と後輩に幸せをもたらしていく未来がある。それを見ているあなたも、きっとまたさらに幸せな気持ちになるはず。日々の小さな積み重ねから大きな幸せが生まれていく、

そんな未来を想像しながら、このトレーニングを続けてみましょう。それをやるかやらないかで、未来は大きく変わっていきます。

おわりに

ここまで読んでくださったあなた、ありがとうございました。ここからはもうノウハウとか技術のことは書いていませんので、気が向いたら読んでいただけたら幸いです。

なぜ私が「本を出したい」と思ったのか。また、それがなぜ、若手社会人の皆さんを対象とした本なのか。それは「自分がたくさんの人たちから学ばせてもらったことを、誰にも伝えないまま死にたくない」と思ったからなんです。「はじめに」にも書きましたが、私は本当に伝え方がダメな若者でした。しかも、そのくせ自分では良くできていると思い込んでいる、いちばん厄介なタイプ（笑）。友だちも少なかったし社内でも疎まれていたと思います。

そんな私が今、たくさんの素敵な人たちとつながれて、友だちや仕事仲間もいてくれて、好きな人たちと毎日楽しく過ごせているのは、私に伝え方、コミュニケーション、そして生き方について大事なことを学ばせてくれた、多くの先輩たちのおかげなのです。例えば先祖代々受け継がれてきた由緒ある着物を、私一人が握りしめたまま死ぬようなことだけはしたくない。その着物を綺麗に細かく切り分けて、たくさんの若者に手渡したい。受け取った若者は、それを飾ってもいいし、何か作ってもいいし、大切にしまっておいても、売ってお金にしても、また誰かに譲っても、使い方は自由。その人がいちばんいいと思う方法で活用してほしい。そんなふうに思うのです。

そう、この本に書いたことは、すべて「着物のかけら」。いいなと思う項目があったら頭の中のひきだしにしまっておいて、必要なときが来たらあなたの方法で活用していただきたいのです。職場で先輩になったばかりのあなたが「伝えるって楽しいんだ」と思えて、気持ちがちょっと楽になって、日々が今より少し充実して、幸せが増えて、社会人生活、そして人生そのものが豊かになりましたら、私もとてもうれしく思います。

この場をお借りして、本書の編集・出版に関わってくださったすべての皆さま、出版のきっかけをいただいたオーディション「著者リンピック」運営の皆さま、執筆を応援してくださった仕事関係の皆さまや友人、福岡編集ライターチームＥＤＩＴＯＮＥ、ＳＮＳでつながっている皆さま、私に関わってくださっているすべての方に、心から感謝を申し上げます。

北村 朱里

【著者略歴】

北村 朱里（きたむら・あかり）

nib. 代表
コミュニケーションセミナー講師
コピーライター

1978 年北海道札幌市生まれ。
コールセンター企業にて管理職を務め、社員研修の企画立案や社員育成業務に従事。新規部署の立ち上げにも関わり、新人教育プログラムの構築を経験する。次世代リーダーの育成にも注力。

2016 年に独立し、主に新卒～若手社会人を対象としたコミュニケーション研修を展開。自治体や企業など多様な組織からの依頼に対応している。受講者が「楽しみながら自ら考え、行動する」「職場ですぐ使える実践力を養う」ことを促すスタイルが好評。わずか 1 時間の研修でも受講者にポジティブな変化があったと感動の声も届く。

コピーライターの一面も持ち、企業理念、商品ネーミング、コピー作成を行う。また、人事領域をはじめとしたビジネス全般の広告制作に携わり、経営者から新入社員まであらゆる層へのインタビューを多数経験する。

▼著者へのご感想・研修や執筆のご依頼は下記フォームから直接お気軽にご連絡ください

▼著者が行う研修などの情報はこちらのホームページをご覧ください

後輩がはじめてできたら読む本

初版 1刷発行 ●2023年 9月 25日

著 者
北村 朱里

発行者
薗部 良徳

発行所
㈱産学社
〒101-0051 東京都千代田区神田神保町3-10 宝栄ビル
Tel.03（6272）9313 Fax.03（3515）3660
http://sangakusha.jp/

印刷所
㈱ティーケー出版印刷

ISBN978-4-7825-3586-8 C2037